JESÚS

e j e c u t i v o

DR. LUCIANO JARAMILLO CÁRDENAS

Vida®

La misión de Editorial Vida es ser la compañía líder en comunicación cristiana que satisfaga las necesidades de las personas, con recursos cuyo contenido glorifique a Jesucristo y promueva principios bíblicos.

JESÚS EJECUTIVO
Edición en español publicada por
Editorial Vida – 2001
Miami, Florida

Diseño interior: *Words for the World, Inc.*
Edición: *Athala G. Jaramillo*
Diseño de cubierta: *O' Designs*

ISBN 978-0-8297-2867-5

Categoría: Iglesia cristiana / Liderazgo

Impreso en Estados Unidos de América
Printed in The United States of America

10 11 12 13 ❖ 10 9 8 7 6

Dedicatoria

Dedico este trabajo a todos los que de una u otra manera me han acompañado en las diversas empresas misioneras y ministeriales a las que Dios me ha llamado: desde la dirección de un reconocido colegio cristiano en mi patria Colombia, hasta la conducción del ministerio pastoral en todas sus formas, en diversos países de las Américas; desde la formación y administración de un hogar bendecido en mil formas por Dios, hasta la traducción, publicación y difusión de las Sagradas Escrituras, como miembro ejecutivo de las Sociedades Bíblicas Unidas y de la Sociedad Bíblica Internacional (SBI).

Deseo mencionar en forma especial al doctor Carl Ramsey, a Guillermo Wood, Juan Lovelace, José Fajardo y otros misioneros y siervos del Señor que acompañaron mis primeros pasos en el ministerio evangélico dentro de la Iglesia Presbiteriana Cumberland en Colombia.

Al doctor Pablo E. Rodríguez D., a la señora Stella C. de Jiménez y a los profesores y colegas del Colegio Americano de Cali, Colombia.

A los compañeros de lucha en la Confederación Evangélica de Colombia (CEDEC, hoy CEDECOL).

Al señor Alberto Cárcamo y a mis colegas de las Sociedades Bíblicas Unidas con quienes construimos un hermoso ministerio bíblico en las Américas.

A Eugene Rubingh, Jim Powell, Lars Dunberg, Tom Youngblood, Peter Bradley y otros ejecutivos de la Sociedad Bíblica Internacional (SBI), quienes han patrocinado mi más glorioso ministerio en esta última etapa de mi vida: la coordinación de la traducción de la Nueva Versión Internacional (NVI) y la dirección del ministerio de la Sociedad Bíblica Internacional en el mundo hispano.

Al valioso equipo de trabajo que me acompaña en la conducción del ministerio de la SBI en las Américas, desde las oficinas regionales en Miami, y en las oficinas nacionales en varios países de nuestro continente.

Por último, al selecto grupo de eruditos bíblicos de más de una docena de países iberoamericanos, que me acompañaron en la noble empresa de verter el texto original de las Sagradas Escrituras al más fresco y claro español contemporáneo, en la que hoy conocemos como la Biblia del nuevo milenio: la Nueva Versión Internacional.

Contenido

Prefacio

Alguien ha dicho que cualquier biografía de Jesús, sea cual sea, dice más acerca del autor que la escribió que de Jesús mismo. Eso también se puede afirmar no sólo respecto a una biografía, sino prácticamente sobre cualquier libro que haga de Jesús su tema central: dice mucho acerca de su autor.

Si esto es así, el libro que el lector tiene en sus manos es un libro que dice mucho acerca del Dr. Luciano Jaramillo. Dice mucho, en efecto, acerca de los valores y principios que lo han guiado a lo largo de las varias décadas de fructífero servicio en la causa de Jesucristo, desde la dirección de un prestigioso colegio en Colombia hasta el ministerio pastoral en varios países; desde la formación y administración de su hogar hasta sus tareas como ejecutivo de las Sociedades Bíblicas Unidas y de la Sociedad Bíblica Internacional.

Desde esta perspectiva, uno de los valores principales de *Jesús ejecutivo* es su valor testimonial. Este es un libro que ha surgido de la experiencia de un autor que sabe de lo que está hablando, y que además sabe decirlo con claridad, sin vueltas ni rodeos.

Sin embargo, este libro no hubiera podido escribirse sin un estudio concienzudo de las Escrituras en general y de la figura de Jesús en particular, en busca de la evidencia que ratifica la tesis central de la obra: Jesús fue un ejecutivo ejemplar; «el líder, director o gerente de empresa más completo y admirable que jamás pudiera imaginarse».

Acostumbrados como estamos a mirar a Jesús desde otras perspectivas que la que aquí presenta el autor, no es de sorprenderse que la descripción de Jesús como un *ejecutivo empresarial* resulte novedosa, y hasta tal vez chocante, para más de un lector. El autor tiene razón:

Pocos lo han descubierto [a Jesús] como el jefe ejecutivo, líder administrativo que supo reclutar, entrenar, inspirar, motivar y dirigir un equipo de doce hombres que, bajo su influencia y dirección y de acuerdo a sus planes y objetivos, conquistaron el mundo para su causa.

Un mérito de este libro es que no se limita a comprobar su tesis desde una perspectiva histórica, sino que se ocupa de demostrar, con un sentido práctico, la vigencia del modelo de Jesús el ejecutivo en el mundo de los negocios. Después de todo, no se ganaría mucho con la comprobación de un dato más, como tal, aunque ese dato tenga que ver con el Jesús histórico. El dato histórico —Jesús fue un ejecutivo admirable— se constituye en la base de un desafío importante que atañe a todos los que quieren servir en la causa de Jesucristo: el de ser imitadores de Cristo también en el campo de la administración de personas y recursos.

Dr. C. René Padilla
Buenos Aires, 27 de agosto de 2001

El doctor C. René Padilla es un connotado pastor, teólogo y escritor, autor de muchos libros, creador de importantes ministerios que han servido al pueblo y a la iglesia en América Latina y el mundo. Entre sus muchas responsabilidades, se desempeñó como presidente del Comité de Traducción Bíblica de la Nueva Versión Internacional.

Prólogo

Si es difícil que un empresario mantenga por un solo año la fidelidad, la devoción y el servicio honesto de sus empleados, ¡cuánto más difícil no será que logre ese nivel de lealtad por un tiempo extendido!

Sin embargo, hubo uno en la historia de la humanidad que, al principio de su carrera, escogió a doce hombres sin haber visto la hoja de vida de ninguno de ellos. A pesar de que tenían trasfondos ordinarios, algunos polémicos, y diferentes personalidades, algunas explosivas, los tuvo a su lado cada día sirviéndole con denuedo, fidelidad y sumisión durante tres años seguidos.

Conste que el *contrato de trabajo* se estableció con una sola palabra: «Sígueme».

¿Quién fue esa persona? Jesús, el carpintero de Nazaret.

Hubo, ciertamente entre los doce, uno, Judas, que lo traicionó, pero creyó a tal extremo en su pureza, en su misión y en su vida que su conciencia no sólo le impidió quedarse con las treinta monedas de plata, sino que lo impulsó a que las tirara en el suelo, fuera a un lugar apartado y se ahorcara.

El Dr. Luciano Jaramillo puntualiza en su libro *Jesús ejecutivo* que Jesús conquistó a esos doce hombres a tal grado que le fueron fieles manteniéndose a su lado y sirviéndole hasta el último día de su vida.

Desde el primer capítulo hasta el último, el autor da una clara explicación sobre lo que hubo en Jesucristo que lo hizo un ejecutivo con un magnetismo impresionante, y la manera en que logró ganarse y mantener la fidelidad de sus doce seguidores desde el principio de su ministerio hasta su muerte.

Tal enfoque hace de este libro una fuente clara, palpable e indiscutible para el líder del siglo veintiuno, pues le marca pautas sobre cómo tener éxito en sus relaciones humanas, especialmente las que tiene con sus empleados.

No hay líder más líder que el que está seguro de quién es, para qué lo tiene Dios aquí, qué es su misión y qué ha de ser su legado espiritual. Cristo, tal cual lo revela el autor en estas páginas, es el ejemplo supremo para todo ejecutivo.

Dr. Pablo Finkenbinder
25 de agosto de 2001

El doctor Pablo Finkenbinder (Hermano Pablo) ha desarrollado por largos años un fructífero ministerio de enseñanza y evangelización que abarca todas las Américas. Su programa, *Una Voz a la Conciencia*, se oye y ve en todos los países de América Latina y muchos otros del mundo.

A manera de introducción

Las muchas figuras de Jesús

Es difícil ignorar a Jesús. Su vida y persona suscitan la atención e interés de propios y extraños; su doctrina y enseñanzas han sido escudriñadas y discutidas, defendidas o combatidas, adoptadas, rechazadas o vividas por más adeptos u oponentes que ningún otro sistema o religión. Nadie puede negar su monumental significación cultural y social, y la gigantesca dimensión moral y espiritual de su persona. No ha existido otra figura dentro de la vida y cultura universal, que ostente el extraordinario «status» o posición de privilegio que tiene Jesús.

Pocos años después de su muerte, se escribieron historias que describían su nacimiento milagroso, sus hechos maravillosos, sus enseñanzas incomparables, su muerte cruel y su resurrección esplendorosa. Hacia finales del primer siglo, se le exaltaba ya con los más altos títulos y elogiosos apelativos: *Hijo de Dios, Verbo encarnado, Señor y Rey.* Y en el trascurso de unos cuantos siglos, se convirtió en la figura prominente del imperio que había propiciado su crucifixión y muerte.

Desde entonces la figura de Jesús entró a dominar la cultura de Occidente y en buena parte, la del mundo entero. Su persona y doctrina se convirtieron no sólo en el objeto de la fe y devoción de la multitud de sus seguidores, sino en el motivo inspirador de todas las artes: música, pintura y arquitectura, por no mencionar la religión y la ética, la filosofía y la política. Solamente en el campo de la historia, sin entrar siquiera al campo de la fe, Jesús sigue siendo la figura sobresaliente del pasado y del presente. Año tras año millones de sus seguidores celebran su nacimiento, su muerte y resurreccion y prácticamente cada uno de los hechos importantes de su vida y ministerio, mientras vivió en la tierra. Por eso, y simplemente como un ejercicio de sana curiosidad intelectual, es válido e interesante preguntarnos las razones que han hecho de la persona de Jesús uno de los líderes y personajes de mayor prestancia e influencia en la vida e historia del hombre.

Para averiguarlo debemos estudiar cuidadosamente todas las facetas de su personalidad: las que nos descubren la fe y la devoción, que nos llevan a una admiración piadosa de su persona, como el gran líder religioso, fundador del cristianismo, salvador del mundo y redentor de la humanidad; y otras facetas menos evidentes y ocultas. Como, por ejemplo, los rasgos de su persona y carácter, que nos revelan al Jesús humano, envuelto en los negocios y empresas de su tiempo, con criterios y principios que siguen hoy vigentes. Debemos estudiar sus técnicas como organizador de un equipo humano que debía continuar su empresa de salvación, dentro de un mundo difícil, opuesto a sus propósitos. Y es aquí donde cabe el objetivo que nos hemos propuesto con este libro: estudiar a Jesús como el ejecutivo ejemplar; el líder, director o gerente de empresa más completo y admirable que jamás pudiera imaginarse. Esta faceta intrigante y provocativa de la persona de Jesús no ha sido suficientemente estudiada y expuesta; y toma especial prestancia e interés hoy, cuando está a la orden del día el tema del liderato administrativo y la mejor manera de ejercer las funciones ejecutivas dentro del marco moderno de la conducción de la grande, mediana y pequeña empresa; y cuando es vital para el mundo el correcto ejercicio de la dirección y gerencia de los conglomerados industriales, financieros, políticos y sociales, con miras a obtener el máximo rendimiento para los individuos y la sociedad.

Jesús ejecutivo

En efecto, muchos han hablado y escrito de Jesús como predicador, taumaturgo, maestro y otras importantes facetas de su grandiosa personalidad. Pocos lo han descubierto como el jefe ejecutivo, el líder administrativo que supo reclutar, entrenar, inspirar, motivar y dirigir un equipo de doce hombres que, bajo su influencia y dirección y de acuerdo con sus planes y objetivos, conquistaron al mundo para su causa.

Los rasgos característicos de Jesús como ejecutivo pueden servir hoy de ejemplo a directores, administradores sin importar su sexo o condición social; en general de cualquier empresa, organización o negocio. Y sus técnicas pueden ser tan útiles al presente como lo fueron en su tiempo. En los veintitrés capítulos de este libro estudiaremos, sin seguir un orden específico, algunos de estos rasgos de la personalidad de Jesús como administrador o jefe ejecutivo, esperando que sirvan de inspiración, reflexión y enseñanza a quienes tienen responsabilidades de dirección o supervisión en cualquier empresa, organización o negocio; incluyendo por supuesto, a la iglesia y a los ministerios e instituciones de servicio cristiano.

Esperamos que este estudio de la persona de Jesús como un excelente administrador y ejecutivo ejemplar pueda ser de interés y ayuda para todos, no importa su posición religiosa o su actitud ideológica frente al Jesús del Evangelio. Pero, creemos será de especial significación para los cristianos y creyentes. Descubriremos que Jesús es mucho más que una figura histórica, fundador de la religión que profesamos. Aprenderemos que hay otro Jesús, que debemos conocer, además del Jesús de la fe que millones de creyentes confesamos cada domingo, en nuestros cultos y servicios. Aprenderemos que, detrás de la esplendorosa figura de nuestro Jesús, Señor y Salvador, existe otro Jesús maravilloso, dotado de virtudes y cualidades humanas insospechadas, como las que le sirvieron para manifestarse como el líder formidable, prestante ejecutivo y eficiente administrador de la más ambiciosa, atrevida y riesgosa empresa de salvación, jamás soñada. Será no sólo interesante, sino muy importante para reafirmar nuestra fe y admiración en su persona, observar sus acciones, estudiar sus decisiones y repasar sus planes, criterios y principios en este difícil campo de la administración de personas y recursos. Estaremos más seguros y orgullosos de ser sus seguidores y discípulos; y comprenderemos a plenitud, por qué Jesús tiene todo derecho a presentarse como nuestro modelo a seguir, no sólo en el campo de nuestra vida religiosa, sino en todos los campos de la actividad humana, donde el Señor nos ha colocado.

Debo expresar, para cerrar esta introducción, mi agradecido reconocimiento al doctor René Padilla, egregio teólogo, líder y escritor mundialmente reconocido, y entrañable amigo y compañero de trabajo en numerosas lides y faenas pastorales y misioneras, y al incomparable y muy bendecido Hermano Pablo, siervo fiel del evangelio, predicador y comunicador incansable y amigo del alma, quienes amablemente accedieron a prologar este libro. Debo así mismo reconocer la importante colaboración de mi queridísima esposa Athala G. Jaramillo, en la lectura y corrección de los manuscritos; y sobre todo en la amorosa y fiel compañía que me ha dado por más de tres décadas, como esposa y compañera incomparable y madre admirable de los tres preciosos hijos que Dios nos ha regalado.

Luciano Jaramillo Cárdenas
Miami, julio de 2001

I

Tener un claro concepto de la propia identidad

«Yo soy el que soy..»
Éxodo 3:14

«Si no creen en que yo soy el que afirmo ser —dijo Jesús—, en sus pecados morirán.»
Juan 8:24

Tener un claro concepto de su propia identidad es la primera condición para ser un líder eficiente. Poder identificarse a sí mismo, ser consciente de sus capacidades y sus limitaciones, conocer con certeza su personalidad y saber exactamente cuál es su puesto, oficio y misión.

Jesús sabía quién era

Jesús sabía muy bien quién era él. Por eso empleó con frecuencia la frase *«Yo soy...»*: Yo soy la puerta, la vid, la luz, el pan de vida, el buen pastor, el camino, la verdad y la vida. Cuando fue necesario descubrir su identidad de Hijo de Dios o de Mesías, lo hizo sin vacilar; como ocurrió en el diálogo con la samaritana (Juan 4:1–26), o en sus discusiones con los fariseos (Juan 7—8), en su discurso de despedida (Juan 13—16) y frente a Pilato (Juan 18:28–40). Jesús tuvo un claro concepto de su propia identidad y nadie podía engañarse respecto a la misma.

Cuando Jesús apareció en el escenario de la historia, el primer episodio que sus biógrafos nos refieren lo coloca directamente en la corriente profético-carismática del judaísmo. Su identidad se hace aún más definitiva y clara al comenzar su misión, en el desierto, recibiendo el bautismo de manos de Juan. Es allí donde claramente se dice quién es y de dónde procede y quiénes serán sus garantes y acompañantes, desde el cielo, en su ministerio en la tierra. Su Padre celestial acredita su calidad de Hijo eterno, y el Espíritu confirma su carácter divino. (Véanse Mateo 3:13–17; 1:9–11; Lucas 3:21–22; Juan 1:31–34.) Mientras tanto, la asociación del Maestro Nazareno con Juan Bautista nos muestra claramente al Jesús histórico, hombre y profeta de carne y hueso, que habla la lengua de los hombres; y que, igual que Juan, trae una misión clara y terminante para realizar en medio de sus paisanos. Hasta cierto punto los antecedentes y misión del Bautista harán más fácil identificarlo como un nuevo profeta, con la sola diferencia de que es superior al mismo Juan (Mateo 3:11). Quienes presenciaron la escena del bautismo de Jesús y el claro reconocimiento de su superior calidad como profeta, por el mismo Juan, no podían ya llamarse a engaño sobre la identidad del Nazareno. Todo estaba claro: se trataba de un raro personaje: Hijo de Dios, y a la vez hijo de hombre; un profeta y más que profeta.

Clara visión de la misión

La identidad de Jesús estaba definida, dentro de la tradición profética carismática de Israel; y nadie podía llamarse a engaño. Escenas parecidas a la del bautismo de Jesús enmarcaron el llamamiento y misión de los siervos de Dios en el Antiguo Testamento. Dios cuidó que todos sus llamados tuvieran bien claro quién los llamaba y para qué los llamaba: cuál era su vocación y misión. Esto era importante no sólo para ellos, sino para los destinatarios de su ministerio o misión. Pueden verse, por ejemplo, los casos de Noé (Génesis 3:9–22); Abraham (Génesis 12:1–9); Isaac (Génesis 26:1–5); Jacob (Génesis 28:10–22); Moisés (Éxodo 3:1–22); Josué (Josué 1:1–10); todos los Jueces (véase, por ejemplo, el caso de Gedeón en el libro de los Jueces, capítulo 6 y el de Sansón en los capítulos 13 y 14 del mismo libro). La lista es interminable: Saúl, David, Salomón y cada uno de los profetas. En algunos casos estas vocaciones se dan en medio de escenas sorprendentes, en las que se manifiesta el esplendor de la presencia divina, en forma de teofanía o revelación apocalíptica. Es patético, por ejemplo, lo que ocurrió durante el llamamiento de Ezequiel, seis siglos antes de Jesús (véase Ezequiel capítulo 2), cuando se dio una manifestación de lo alto muy parecida a la ocurrida en el bautismo de Jesús. Es evidente en este y otros muchos casos la intención divina de que la identidad de aquellos a quienes él llamaba para ejercer una misión específica en su nombre quedara transparentemente clara ante los ojos de todos y especialmente del mismo elegido. En el caso de Jesús el hecho de que se abrieran los cielos para dejar escuchar la voz del Padre y permitir la confirmación del Espíritu, ayudó mucho más a arrojar luz sobre la persona de Jesús y hacer trasparente su identidad de profeta del Altísimo, Hijo del Padre y hermano de los hombres.

La voz complaciente del Padre hacía evidente que su misión era de carácter superior, sobrenatural, y contaba con la aprobación de arriba. Comprenderemos ahora que el carisma personal de Jesús nacía de su profunda convicción de lo que estaba dentro de él; de su doble naturaleza divino-humana, estrechamente relacionada con la misión que lo traía al mundo. La escena del bautismo en el Jordán contribuyó a crear una más clara conciencia en Jesús y entre los que lo rodeaban de su identidad y misión. Ahora todos sabían quién era Jesús. Por su parte Jesús comenzó a vivir y actuar más clara y explícitamente como lo que era. Sus relaciones y su ministerio se iluminarán con la claridad de su identidad. Todos los esfuerzos para apartarlo de su misión o deslucir su identidad de enviado del Padre para la salvación del mundo, fracasarán rotundamente; aunque el Enemigo lo intentaría varias veces, como ocurrió en las tres tentaciones, que astutamente le preparó en diferentes escenarios, para salir siempre derrotado: *«¡Apártate, Satanás! No pongas a prueba al Señor tu Dios»* (Mateo 4:7 y 10). A Pedro no le fue mejor. Cuando quiso separar al Maestro del cumplimiento de su misión, pidiéndole que desistiera de su viaje a Jerusalén donde sería sacrificado, recibió la dura repulsa de Jesús: *«¡Aléjate de mí, Satanás! Quieres hacerme tropezar; no piensas en las cosas de Dios, sino en las de los hombres»* (Mateo 16:23).

El buen ejecutivo tiene clara su identidad

El buen ejecutivo no sólo tiene bien clara su identidad como directivo, sus obligaciones y objetivos, sino que está orgulloso de los mismos y hace gala de ellos dondequiera que es necesario, para claridad de quienes deben conocerlo. La identidad se convierte entonces, no en una mera etiqueta de presentación, sino en una convicción interior que entra a regir nuestras acciones y relaciones.

Estaremos orgullosos de nuestra identidad y oficio y así lo manifestaremos dondequiera que sea necesario. La convicción de lo que era como gran profeta enviado por el Padre, llevó a Jesús a manifestar abiertamente esta identidad, a obrar plenamente de acuerdo con la misma y aun a tomar riesgos, como en el pasaje de su primera presentación en su propio pueblo de Nazaret, cuando claramente se identificó como ungido por el Espíritu de Dios, para realizar su ministerio de *«anunciar la buenas nuevas a los pobres, proclamar libertad a los cautivos, dar vista a los ciegos, poner en libertad a los oprimidos y pregonar el año del favor del Señor»* (Lucas 4:18–19). Ahora todos, amigos y enemigos sabían a qué atenerse. Ni unos, ni otros podían llamarse a engaño acerca de la identidad del Nazareno y debían aceptarlo y respetarlo por lo que realmente era.

Todo esto se trasmite y revela en la acción e influye no sólo en nuestra forma de actuar como directivos o ejecutivos, sino en la percepción que nuestros subalternos y asociados tienen de nosotros. La gente acepta y sigue a gerentes que saben mandar; a pastores, que les gusta pastorear; a predicadores que predican e inspiran; a directivos que dirigen y lo hacen con propiedad y suficiencia, porque están convencidos, seguros y orgullosos, a ejemplo de Jesús, de su identidad como gerentes, pastores, predicadores o directivos.

Esta clase de sentido de identidad crea una personalidad recia y segura que permite a los asociados saber su propia posición ante el jefe. Lo contrario es lo que ocurre muchas veces con ejecutivos mediocres, no bien formados, sin un carácter definido y serio que deciden y actúan muchas veces arbitrariamente, sin atenerse a principios de equidad y honradez, propios de quienes han creado una personalidad madura, definida y equilibrada, clara y decidida en sus principios y recta en sus decisiones. Esta clase de personalidad no se obtiene de la noche a la mañana. Es necesario mucho trabajo, perseverancia y una formación seria.

Crearnos una personalidad

Hoy en día se ofrecen variadas técnicas y programas de ayuda sicológica para construir —se dice— una personalidad ajustada. Sicólogos, sicoanalistas, consejeros y directores espirituales ofrecen sus servicios profesionales, para ayudarnos a identificar nuestro «yo real».

La reflexión, el estudio concienzudo de nosotros mismos y la experiencia nos ayudarán a dar un diagnóstico acertado de lo que en realidad somos como personas. Ayuda mucho contar con un consejero sabio e imparcial, con quien podemos sincerarnos confiadamente, a quien podemos abrirle libremente nuestro corazón y pedirle orientación y ayuda. No debemos temer averiguar lo que la gente piensa de nosotros y analizar qué de verdad tienen sus opiniones. El mismo Jesús quiso saber lo que otros pensaban de su persona y ministerio. *«¿Quién dice la gente que es el Hijo del hombre?»*, preguntó a sus discípulos (Mateo 16:13).

Los reveses, las adversidades y pruebas son especialmente valiosas para descubrir nuestro auténtico yo. Alguien dijo que «si no hemos sido probados por el fuego, no sabemos en realidad quiénes somos. Y si no sabemos quiénes somos, no podemos ser buenos líderes».

El líder o ejecutivo creyente, aquel que ya ha definido su posición delante de Dios, y ha aprendido a compartir su vida con Jesús, tiene una enorme ventaja para definir y adquirir una identidad segura y completa, que abarque e integre todos los aspectos y elementos de su persona: físicos, morales, espirituales y profesionales. Me estoy refiriendo al profesional de fe. Este nos dirá que para formar una personalidad definida; adquirir, evaluar y mantener una identidad clara, firme y segura, nada puede reemplazar el diálogo frecuente con el que mejor nos conoce, pues fue el que preparó el diseño de nuestro ser y tiene capacidad para mirarnos por dentro. Este diálogo frecuente con el Creador lo llamamos oración; y cuando se ejercita sincera, rendida y reflexivamente, se convierte en un instrumento formidable de conocimiento propio. Como aconsejan los maestros de la vida espiritual: «Debemos desnudar nuestro espíritu» delante del Padre de todas las luces y todas las misericordias; pedirle que la luz resplandeciente de su Espíritu nos ilumine y haga evidentes y claros nuestros pensamientos e intenciones, y nos descubra delante de él, tal como somos, sin tapujos, reservas o hipocresías. Digámosle con el salmista:

Señor, tú me examinas, tú me conoces. Sabes cuándo me siento y cuándo me levanto; aun a la distancia me lees el pensamiento. Mis trajines y descansos los conoces; todos mis caminos te son familiares. No me llega aún la palabra a la lengua, cuando tu, Señor, ya la sabes toda … Examíname, oh Dios, y sondea mis pensamientos. Fíjate si voy por el mal camino, y guíame por el camino eterno.

Salmo 139:1–4, 23–24

Examíname, Señor; ¡ponme a prueba! purifica mis entrañas y mi corazón.

Salmo 26:2

II

Buen manejo de la imagen

«Nosotros hemos contemplado su gloria.»
Juan 1:14

«No me crean a mí, crean a mis obras.»
Juan 10:38

«Ya no creemos sólo por lo que tú dijiste —le dijeron a la mujer —ahora lo hemos oído nosotros mismos, y sabemos que éste es el Salvador del mundo.»
Juan 4:42

La buena imagen, secreto del éxito

Para todo buen ejecutivo en particular, y para toda figura pública en general la imagen que proyecta es de mucha importancia. Muchos se gastan grandes cantidades de dinero en asesores especializados en relaciones públicas, para crearse una imagen. Y con frecuencia todo está basado en apariencias, más que en realidades concretas. Jesús se creó para sí mismo una imagen tan sólida, que se fue consolidando con cada acto, gesto o palabra que producía. Y hoy, después de veinte siglos, su imagen continúa siendo tan limpia y firme como cuando estuvo aquí en la tierra. Dos cosas sorprenden de entrada en relación con la buena imagen de Jesús: el breve tiempo que tuvo para construirla y la forma clara y honesta como la consiguió, sin sacrificar ninguna de sus convicciones, negociar ninguna de sus posiciones, ni disimular sus propósitos y exigencias, que con frecuencia chocan con el pensamiento, filosofía y estilo de vida de la mayoría.

Jesús en realidad no tuvo mucho tiempo para vender su imagen, exponer sus ideas, promover su movimiento e implementar sus planes. Su vida y actividad públicas fueron breves. Los evangelios sinópticos implican que fueron sólo de un año. Juan parece hablar de tres o cuatro años. Aunque nunca lo sabremos con seguridad, sí podemos afirmar que fueron breves. Buda enseñó por cuarenta y cinco años, después de su iluminación. Mahoma gastó veinte años predicando su doctrina. Moisés ejerció el liderato de su pueblo por cuarenta años, después de liberarlo de la esclavitud en Egipto. El ministerio público de Jesús fue breve, pero brillante, como el de las estrellas fugaces que cruzan veloces el firmamento, dejando un rastro de luz resplandeciente, en la oscuridad de la noche.

Jesús nació en algún tiempo, en los últimos años del reinado de Herodes el Grande, que murió en el año 4 antes de la era cristiana. Muy poco sabemos de su vida, antes de su actividad pública; pero podemos inferir algunas cosas. Creció en Nazaret, una aldea en las montañas de Galilea, a unos treinta y cinco kilómetros para adentro del mar Mediterráneo, unos treinta kilómetros hacia el oeste del mar de Galilea, y cerca de unos ciento cincuenta kilómetros al norte de Jerusalén. Sus paisanos y vecinos eran agricultores o artesanos. Él fue muy posiblemente un joven carpintero, hijo de carpintero. Así por lo menos se le conoció después (Mateo 13:55; Marcos 6:3).

La socialización de Jesús se dio dentro del marco de un típico hogar judío. Debió atender la escuela desde los seis años, hasta por lo menos los doce o trece. En la Palestina judía de su tiempo existía en efecto un amplio y extendido programa de educación primaria. Su primer encuentro con la Biblia debió ser con el libro judío por excelencia, el Levítico. Luego debió recibir amplio entrenamiento en el conocimiento y enseñanza del libro de la ley, la Torá.

Como buen judío, asistía con sus padres los sábados, lunes y jueves, a la sinagoga, un lugar de oración, lectura y explicación de las Escrituras. De seguro que cada día al levantarse y al acostarse recitaba el *Shema*: «*Escucha Israel: El Señor nuestro Dios es el único Señor. Ama al Señor tu Dios con todo tu corazón y con toda tu alma y con todas tus fuerzas*» (Deuteronomio 6:4–6). Participaba además en las fiestas judías, e hizo varias veces el peregrinaje al templo de Jerusalén. Los evangelios nos muestran que conocía muy bien las Escrituras, que recitaba de memoria, como todo buen judío ilustrado. El libro de los Salmos era de seguro su libro de oraciones. Posiblemente esto es todo lo que conocemos de Jesús, antes de su corto tiempo de vida pública, que es el que nos narran los evangelios. Los vacíos de su biografía fueron llenados por los libros apócrifos, que nos dan abundantes detalles pintorescos de muchos pasajes y aventuras de su niñez y adolescencia. Se han dado también numerosas especulaciones acerca de su vida y doctrina, como que vivió un tiempo con los esenios, la secta judía contemporánea de Jesús que habitó por más de un siglo en las dependencias de Qumrán, a orillas del Mar Muerto, y parece haber sido responsable de los centenares de manuscritos bíblicos descubiertos en ese lugar a partir de 1947. También se ha especulado que estudió en Egipto y viajó por la India, donde entró en contacto con la doctrina budista. Pero todo esto no es más que especulación sin fundamento histórico. En realidad, no es necesario salirnos de Palestina y de la tradición judía en la que vivió Jesús para explicar todo lo que su persona y doctrina nos revelan. Y es precisamente este hecho lo que hace más sorprendente su talla y estatura gigantesca ante el mundo, su imagen admirable de líder religioso sin paralelo en la historia y su creciente influencia en prácticamente todos los ámbitos de la realidad humana. La misma sorprendente sencillez de su vida oculta, como un joven judío pueblerino, puede ser el primer eslabón en la cadena de hechos que lo llevaron a la fama. En efecto, si algo se impone y sorprende de su figura es la serena sencillez de su persona, y la trasparente expresión de su mensaje que van sembrando casi insensiblemente, sin mayores aspavientos, verdades e inquietudes profundas y desafiantes mensajes de bondad y virtud, en las mentes y corazones de sus oyentes y seguidores.

El secreto de Jesús

¿Cuál fue en realidad el secreto de Jesús para imponer su imagen de hombre de acendradas virtudes y líder de clara visión y juicio certero y maduro? Lo primero que se nota es que la base de su sus acciones y decisiones viene de dentro. Jesús fue una persona que cultivó una rica y profunda vida interior. La mayoría de los hombres y mujeres de hoy y de siempre viven su vida vaciada hacia afuera; su pensar y actuar se fundamentan en criterios y realidades exteriores superficiales. Predominan en su estilo de vida y en su forma de actuar los valores tangibles exteriores, cuando no las apariencias. Las acciones y decisiones de Jesús estaban enraizadas en profundos valores espirituales. Juzgaba las cosas no bajo el criterio de lo que era aceptable, popular o conveniente, sino lo que era correcto y justo. Esta actitud lo llevó con frecuencia a duros encuentros con los líderes hipócritas de su tiempo que todo lo juzgaban por las apariencias exteriores y las conveniencias legales. Su juicio para esta clase de líderes fue duro y agresivo. Los llamó «*sepulcros blanqueados. Por fuera lucen hermosos pero por dentro están llenos de huesos de muertos y podredumbre. Así también ustedes, por fuera dan la impresión de ser justos pero por dentro están llenos de hipocresía y de maldad*» (Mateo 23:27–28). Jesús fue primordialmente un hombre de profundos valores espirituales. La historia nos comprueba que los personajes de mayor influencia en la humanidad, que han dejado una huella indeleble, creando una legión de seguidores y discípulos, no han sido los guerreros o ejecutores de grandes hazañas materiales, como los constructores de imperios o conquistadores de grandes territorios, sino los hombres y mujeres del espíritu. Los primeros siguen vivos en el recuerdo de la historia, como figuras del pasado, como una nota más en los libros de texto. Los hombres del espíritu como Jesús pertenecen tanto al pasado, como al presente; siguen vivos, conquistando mentes y corazones con la belleza y bondad de su mensaje y la magia de su personalidad imponente, en la que no hacen mella ni el tiempo ni el espacio, porque está fundamentada en los valores eternos.

Y es que nadie, y mucho menos un líder, puede ignorar esta parte sustancial y vital de la realidad humana: su espíritu. Y con ella llegan innumerables valores y factores que deben tenerse en cuenta no sólo para dirigir y orientar a otros, sino sencillamente para vivir, y vivir bien. Jesús cautivó multitudes y sigue cautivándolas porque mostró la solidez de su vida profundamente arraigada en los valores del espíritu, y porque apeló a lo más íntimo y profundo del alma humana; allí donde se fraguan y cultivan estos mismos valores. Es lo que viene

de adentro —según su planteamiento— no lo que entra
de afuera, lo que contamina a la persona.

*Porque de dentro, del corazón humano, salen los
malos pensamientos, la inmoralidad sexual, los robos, los homicidios, los adulterios, la avaricia, la
maldad, el engaño, el libertinaje, la envidia, la ca-
lumnia, la arrogancia y la necedad. Todos estos ma-
les vienen de dentro y contaminan a la persona.*

Marcos 7:21–23

La imagen de Jesús, como una persona del espíritu,
proveniente de la corriente carismática del judaísmo, se
cristaliza en el pasaje de su primera visita pública a la
sinagoga de Nazaret, cuando presentó su primer ser-
món, trascrito por Lucas. Estas fueron —según el evangelista Lucas— las palabras con que Cristo inauguró su
ministerio público:

*El Espíritu del Señor está sobre mí, por cuanto
me ha ungido para anunciar buenas nuevas a los
pobres. Me ha enviado a proclamar libertad a los
cautivos y dar vista a los ciegos, a poner en libertad
a los oprimidos, a pregonar el año del favor del
Señor.*

Lucas 4:18–19

No hay duda que Jesús fue un hombre del Espíritu.
Su vida interior profunda e intensa se revelaba en sus
gestos y palabras y en su mismo estilo de vida. La gente
veía y respetaba todo esto y se sentía inspirada por las
claras manifestaciones de una vida espiritual rica y ro-
busta: su vida de oración, su visión trascendental de las
cosas, su sentido de intimidad con Dios. Todo esto lo hacía una persona respetable, y sorprendentemente inspiradora. Y le creó para siempre una imagen de hombre y
líder excepcional, fuera de serie.

La impresión que Jesús hacía en otros

En su libro *The Idea of the Holy* [La idea de lo santo], Rodolf Otto describe la *presencia luminosa* que trasmiten las figuras carismáticas que de vez en cuando nos encontramos. Hay algo indescifrable en estas personas que nos trasporta a un mundo superior de valores y realidades. Hay algo intangible en sus palabras que les da fuerza y autoridad; muestran las cosas bajo cierta luz penetrante que escapa a la visión ordinaria de los demás; su sola presencia tiene cierta magia y magnetismo, que otros líderes o personajes importantes no pueden exhibir. Todo esto lo podemos percibir en Jesús. Marcos lo describe de esta manera: *«Iban de camino subiendo a Jerusalén, y Jesús se les adelantó. Los discípulos estaban asombrados, y los otros que venían detrás tenían miedo»* (Marcos 10:32). No fue esta la única oportunidad en la que los discípulos percibieron *ese algo raro y especial* que difundía la persona del Maestro y los impresionaba hasta dejarlos sin palabras. Una experiencia así fue la que tuvieron, después de la resurrección, a orillas del lago de Tiberíades, cuando Jesús se apareció y los ayudó a pescar gran cantidad de peces, después de una noche de brega inútil. Dice el evangelista Juan, que, cuando Jesús los llamó a participar del desayuno de pescado y pan que él mismo había preparado, los apóstoles se quedaron extasiados y mudos ante su presencia y *«ninguno se atrevió a preguntarle: «Quién eres tú», porque sabían que era el Señor»* (Juan 21:12).

Como maestro y líder Jesús hizo una impresión muy diferente de la que daban los líderes y maestros oficiales de Israel. *La gente se asombraba de su enseñanza, porque la impartía como quien tiene autoridad y no como los maestros de la ley»* (Marcos 1:22). Detrás de la palabra griega para *autoridad* yace el término rabínico para poder o potencia divina, *Gevurah*. Es como si dijera: *«Él ha-*

bla con las palabras de poder divino del Gevurah» («de la boca del Espíritu»).

La opinión popular lo asociaba con figuras carismáticas del pasado muy populares, como Elías, Juan el Bautista y otros (véanse Marcos 6:14–16, 8:28; Mateo 21:11; Lucas 11:14–23). Su poder carismático era tan potente que sus familiares llegaron a pensar que no estaba en sus cabales (Marcos 3:21). Hasta sus oponentes le reconocían su extraordinario poder espiritual; sólo que, para desacreditarlo, lo atribuían a «Beelzebú, príncipe de los demonios» (Marcos 3:22–30; Lucas 11:14–23).

No debe pues sorprendernos que atrajera multitudes. Los evangelistas registran este fenómeno con frases como estas:

> *«La población entera se estaba congregando a la puerta»; «Como no podían acercarlo a Jesús por causa de la multitud, quitaron parte del techo encima de donde estaba Jesús y, luego de hacer una abertura bajaron la camilla en la que estaba acostado el paralítico; lo seguía una gran multitud, la cual lo apretujaba»*

Marcos 1:33; 2:4; 5:24

De seguro que, como líderes o ejecutivos, nos queda muy difícil dar la medida de la estatura espiritual de Jesús, o pretender proyectar el carisma de su extraordinaria personalidad. Queda sin embargo el desafío para tratar de acercarnos a su imagen, practicando algunas de sus virtudes, dentro de nuestra medida y capacidad humanas. La honestidad en el manejo de los negocios y en el trato con nuestros subalternos; la sincera preocupación por el bienestar no sólo temporal, sino moral y espiritual de nuestros asociados; la trasparencia de nuestras decisiones, basadas en la justicia y la verdad, y alejadas de toda sombra de influencias malsanas o torcidas que disminuyen nuestra autoridad, crean malestar y desconfianza y dañan irreparablemente nuestra imagen. Todas estas cosas requieren en el líder o directivo alguna dosis de virtud y serias inquietudes espirituales, más allá de los motivos y valores materiales, económicos y profesionales que son los que por lo general mueven a la mayoría de los directivos y ejecutivos empresariales.

El propio sentido de autoridad de Jesús

Jesús mismo fue consciente del alto sentido de autoridad que otros percibían en él. Se sentía dueño de cierta autoridad que no venía de ninguno de sus interlocutores, ni siquiera de las autoridades políticas o religiosas institucionales que regían su pueblo.

La misma autoridad que tenían hombres como Juan Bautista, que se dio la libertad de criticar a todos los estamentos del establecimiento religioso y político de Israel. Cuando alguna vez le preguntaron a Jesús los líderes religiosos de Jerusalén con qué autoridad hacía lo que hacía, él les respondió con otra pregunta: ¿De dónde sacó Juan el Bautista su autoridad para realizar su ministerio (véase Marcos 11:27–33)? La realidad es que al líder no le basta la autoridad con que es investido por la institución que representa. Aunque importante, esto es sólo el principio. Es como una autoridad básica, que se puede ejercer bien y reforzarse; o ejercer mal, y malgastarse y hasta perderse. ¿Cuántos ejecutivos no pierden toda su autoridad porque sencillamente no saben ejercerla, o porque sus personas no exhiben las cualidades mínimas que los subalternos esperan ver en su jefe? Lo que Jesús nos enseña es que la autoridad debe ganarse; y que revestir de autoridad a alguien que no tiene capacidad para ejercerla, es un desperdicio. Y esto se siente: lo siente la gente, especialmente la que cae directamente bajo la autoridad de un jefe cretino o inhábil. Y debiera sentirla el que la ejerce, quien debe darse cuenta de que sus acciones y decisiones no convencen a nadie, aunque exteriormente se obedezcan. El jefe o ejecutivo debe tener *conciencia de autoridad:* ser consciente del poder de mando y dirección del que está investido y administrarlo sabiamente, de tal modo que todos lleguen a reconocerlo, no sólo porque el puesto que ocupa le confiere poder y autoridad, sino porque todos reconocen que es la persona apta para ejercerlos. No hay nada más agradable y gratificante que obedecer a un jefe con carisma, que inspira respeto y confianza; ni nada más trágico tener que seguir a la fuerza a un líder que no inspira nada, sino repulsa y desconfianza, porque sencillamente «le queda grande el puesto».

Servir; pensar en los otros

Seguir el ejemplo de Jesús ciertamente no es fácil ni sencillo. Pero hay en su persona y carácter cualidades y virtudes que las reglas modernas de administración y liderato y hasta el mismo sentido común acreditan como indispensables para quien pretende ejercer autoridad y dirección en cualquier trabajo o empresa. Una de estas virtudes es la «disponibilidad para el servicio». Esta virtud hace la diferencia en el momento de ejercer el poder y es factor decisivo para crearnos una buena o mala imagen y conquistarnos la buena o mala voluntad de los subalternos o asociados. La actitud de servicio se contrapone a la arrogancia y petulancia en el ejercicio de la autoridad. Jesús señala esta diferencia cuando advierte a sus discípulos ambiciosos de poder:

> *Como ustedes saben, los que se consideran jefes oprimen a los súbditos, y los altos oficiales abusan de su autoridad. Pero entre ustedes no debe ser así. Al contrario, el que quiera hacerse grande entre ustedes deberá ser su servidor, y el que quiera ser el primero deberá ser esclavo de todos.*
>
> Marcos 10:42–43

El Evangelio de Juan ilustra el servicio de Jesús con el lavatorio de los pies a los discípulos, en la última cena, que concluye con la hermosa advertencia del Maestro: *«¿Entienden lo que he hecho con ustedes? Ustedes me llaman Maestro y Señor, y dicen bien, porque lo soy. Pues si yo, el Señor y Maestro, les he lavado los pies, también ustedes deben lavarse los pies unos a otros»* (Juan 13:12–13). La acción tiene un cargado simbolismo, que entraña una profunda lección. No se trata de repetir el lavatorio al pie de la letra. Se trata de entender que es difícil ser «Maestro y Señor», jefe y director, gerente y líder, si no se tiene una auténtica actitud de servicio a los demás, comenzando con los más cercanos colaboradores. Pablo explica y lleva a sus consecuencias prácticas la enseñanza de Jesucristo, cuando inculca a sus discípulos que no deben hacer nada por ambición, egoísmo, orgullo o vanidad, sino que *«cada uno debe velar no sólo por sus propios intereses, sino también por los intereses de los demás»* (Filipenses 2:3ss).

Una actitud de servicio acarrea buenos dividendos al líder o jefe. Además de ganarse una imagen de sencillez y simpatía, establece un ejemplo que pronto será seguido por otros. Como en el caso de Jesús, los compañeros de trabajo dirán: *«Si lo hace el jefe, por qué nosotros no lo hacemos..»* El ejemplo humano de Jesús es un estímulo permanente para todos, y especialmente para los que están en posición de mando: vivir para los demás, pensar en los otros, en un mundo cruel y egoísta, donde la explotación, el dominio, la arrogancia del poder y la prepotencia se imponen, creando un ambiente de incomprensión, opresión y violencia, es algo que sorprende y favorece al entendimiento entre los integrantes y miembros del equipo, y promueve en la empresa una atmósfera de mutuo respeto y colaboración.

Un líder de carácter

Sin embargo, la comprensión, la tolerancia y la actitud de servicio que acompañan el carácter y actividad de Jesús no están solas, ni son los únicos resortes que mueven su acción. Jesús fue una persona de carácter: hombre de firmes convicciones y recias decisiones, cuando las circunstancias lo requerían. Son estas cualidades las que marcan los límites de su misericordia y condescendencia. Jesús se enfrenta a quienes se oponen a su misión o malinterpretan su enseñanza con severidad implacable y palabras duras. Un ejemplo elocuente de su firmeza y severidad con los testarudos y mal intencionados lo tenemos en el pasaje de los letrados que, siguiendo su estrecha interpretación de la Ley, se oponían a que curara, en sábado, a un hombre que tenía un brazo atrofiado. Jesús confronta a sus críticos, preguntándoles: «*¿Qué está permitido en sábado: hacer el bien o hacer el mal, salvar una vida o perderla?*» Ante su silencio, y mirándolos con enojo y tristeza por la dureza de su corazón, dijo resueltamente al enfermo. «*Extiende la mano. La extendió, y la mano le quedó restablecida*» (véase Marcos 3:1–6).

Como a Jesús, al ejecutivo honesto no deben arredrarle la hostilidad o crítica que puedan provocar sus buenas acciones o medidas necesarias para la buena marcha de su empresa o negocio. El equilibrio entre comprensión y firmeza, servicio y exigencia, diálogo y decisión es lo que hace atractiva la personalidad de Jesús como líder y Maestro y es el secreto que ayudará al ejecutivo de hoy y de siempre a crearse una imagen adecuada como directivo. Es lo que se llama tener y cultivar una personalidad equilibrada y ecuánime que infunde a la vez confianza y respeto y que motiva al equipo a secundar y seguir e imitar al jefe, no sólo en sus órdenes y decisiones, sino en su personalidad y ejemplo.

III

Un líder con visión

*«¿De qué sirve ganar el mundo entero,
si se pierde la vida?»*

Mateo 16:26

Más que un maestro de creencias

Muchos podrían identificar a Jesús como un maestro de creencias. Alguien que provee la información correcta acerca de ciertas verdades fundamentales, como Dios, la eternidad, la salvación, etc. Otros lo ven más como un preceptor de ética o moral. Sus enseñanzas se encaminan a dirigir a sus seguidores por el camino correcto de la virtud; sus mandamientos y consejos sostienen los ideales más altos en relación con la práctica del amor y la justicia.

Pero, aunque todo esto es verdad, Jesucristo es mucho más que un simple maestro de creencias y verdades, o promotor del buen vivir de acuerdo con las más sanas costumbres. Jesucristo trae a la tierra una nueva visión de la existencia. Su enseñanza y ejemplo se encaminan a mostrar una nueva vía o un camino diferente. En términos concretos, Jesús trae una nueva visión de la existencia, muy diferente a la visión convencional que todos los grandes fundadores de religiones, filósofos y maestros de sabiduría habían enseñado antes de él. De hecho, Jesús se dio el lujo de criticar estas formas convencionales que imperaban en su mundo y que en su pueblo se encarnaban en las enseñanzas socio-políticas y religiosas de los maestros de Israel. Y en este papel de crítico de la vía trillada y común de la sabiduría convencional de su tiempo, se parece a otros maestros y sabios de dentro y fuera de Israel, como Lao Tse, el gran maestro chino del siglo VI a.C., a Buda, fundador en el siglo V a.C. de uno de los movimientos religiosos más extendido del Asia, que todavía hoy perdura practicado por cientos de millones de adeptos. Dentro de Israel entre otros muchos, Jesús podría compararse con Moisés, el gran líder y maestro revolucionario que enseñó a su pueblo el camino de la libertad, fuera de Egipto, y lo guió por el desierto durante cuarenta años inculcándole los nuevos preceptos de la Ley.

La vía de Jesús

Lo que hace a Jesús un líder diferente, es su novedosa visión de la existencia, que conduce a abrazar una nueva forma de vivir: un camino o vía nueva. Esta visión la presenta Jesús a sus seguidores en tres de sus temas favoritos que son los que hacen novedosa su predicación y muy provocativa su invitación a seguirle.

a) Jesús presenta una nueva imagen de la realidad, que desafía todos los estereotipos de la realidad enseñados por la sabiduría convencional de su tiempo, aceptados por sus contemporáneas como ciertos. b) Jesús hace un diagnóstico más certero y exacto de la condición humana; y c) proclama una vía de solución y trasformación para todos los seres humanos, sin excepción. En este capítulo hablaremos del primero de estos temas.

Una nueva imagen de la realidad

Con frecuencia percibimos las ideas como realidades ajenas a nuestro mundo real; entes abstractos que se mueven encima de nosotros, con una existencia teórica que, cuando más, anidan en nuestra mente o imaginación, sin trascender al mundo concreto de nuestro diario vivir. Lo contrario es lo verdadero y real. La ideas nos afectan más de lo que pensamos. Como imágenes del mundo interior y exterior en el que vivimos y nos movemos, las ideas e imágenes modelan nuestro pensamiento y dirigen nuestras actitudes y posiciones conscientes o inconscientes frente al mundo y a la realidad. La realidad frente a nosotros, llámese mundo, sociedad, individuos, personas, trabajo, iglesia, hogar, naturaleza, la vida misma puede ser percibida de mil maneras, según las ideas que nos hayamos formado de ella: realidad «amable» u hostil, apetecible o repulsiva, deseable o abominable, indiferente o interesante. La manera como percibimos las cosas afecta nuestra respuesta o reacción frente a las mismas.

La cultura occidental contagiada de un individualismo cruel y un materialismo descarnado ha creado una percepción unidimensional de la realidad, que nos la presenta como indiferente cuando no hostil. El materialismo científico cree haber alcanzado todas las respuestas a los misterios del universo, al que nos presenta como un continuo de materia y energía. El dogma del «empirismo» filosófico sigue haciendo carrera hoy como ayer: sólo es real lo que es científicamente comprobable. Y el hombre tiene en este mundo todo lo suficiente para ser feliz. Dios y el mundo sobrenatural no pasan de ser una «creencia» que se tolera; y la religión una actividad opcional colateral para ejercerla de vez en cuando, siempre y cuando no perturbe nuestra comodidad de una vida totalmente vaciada al exterior, dedicada a la conquista de este mundo.

El paso de la percepción de una realidad indiferente a una realidad hostil es fácil y sencillo. El ser humano, aunque no lo admita, es más que materia y energía, y tarde o temprano sentirá que una realidad que para él es sólo material y temporal no le llena ni satisface. De ahí la multitud de individuos que vagan en este mundo, aun rodeados de prosperidad y logros materiales y temporales, pero huérfanos de ideales, vacíos por dentro, descontentos de sí mismos, viviendo una vida sin horizontes, desesperados por encontrar «algo más» que le dé sentido a sus existencias.

Jesús percibió la realidad de manera muy diferente. Y muchos de sus contemporáneos descubrieron su visión; y muchos otros de los siglos siguientes a su venida a la tierra, inclusive contemporáneos nuestros, se han contagiado de su visión. Es esta visión la que lo hace un maestro y líder diferente; la que atrae a miles a su lado y la que está en el centro mismo de su gran éxito como director y guía. Sin negar que la realidad contiene un importante ingrediente material, Jesús enseñó que la realidad es más que materia, tiempo y energía. Para Jesús y su filosofía de la vida, la realidad en último término es «espíritu» y por lo tanto la palabra final acerca de la misma, está fuera de este mundo, está en Dios. Esta visión trascendental y ultraterrena de la realidad está expresada de manera sencilla pero contundente en su afirmación: *«¿De qué sirve ganar el mundo entero si se pierde la vida? ¿O qué se puede dar a cambio de la vida?»* (Mateo 16:26).

Nuestra visión orienta nuestra vida

Como hemos afirmado antes, la manera como percibimos la realidad influye definitivamente en nuestra conducta y en el manejo que hacemos de la realidad. La visión cristiana de la vida y de la realidad que nos rodea proyecta nuestra manera de conducir los negocios y menesteres de nuestras empresas y ocupaciones por senderos muy diferentes. Crea una nueva forma de actuar y de vivir, basada en una más completa visión de la vida.

Aunque parezca mentira, esta visión de la realidad, con todos sus bienes, logros y posibilidades, determina nuestro estilo de vida y, hablando de negocios o empresas, influyen de manera definitiva en la manera como los conducimos o administramos.

Jesús lo expresó de manera admirable en la parábola del «rico insensato», la cual comienza con una importante formulación de principio:

«¡Tengan cuidado! —advirtió Jesús a la gente. *—Absténganse de toda avaricia; la vida de una persona no depende de la abundancia de sus bienes.»*

Entonces les contó esta parábola:

El terreno de un hombre rico le produjo una buena cosecha. Así que se puso a pensar: «¿Qué voy a hacer? No tengo donde almacenar mi cosecha.» Por fin dijo: «Ya sé lo que voy a hacer: derribaré mis graneros y construiré otros más grandes, donde pueda almacenar todo mi grano y mis bienes. Y diré : Alma mía, ya tienes bastantes cosas buenas, guardadas para muchos años. Descansa, come, bebe y goza de la vida.» Pero Dios le dijo: «¡Necio! Esta misma noche te van a reclamar la vida. ¿Y quién se quedará con lo que has acumulado?»

Lucas 12:13–20

Y Jesús concluye con este principio que riñe con la filosofía tradicional de vivir sólo para nosotros, con la mirada puesta en lo temporal:

> *Así le sucede al que acumula riquezas para sí mismo, en vez de ser rico delante de Dios.*
>
> Lucas 12:21

La nueva visión que trasmite Jesús, eleva las miras y objetivos de quienes dirigen a cualquier grupo de personas, en cualquier clase de empresa u organización. El empresario que tiene la visión de Jesús, sabe que detrás de las valores tangibles, contantes o sonantes, existen valores intangibles, que en último término serán los que prevalecerán. Valores como los de la honradez, la pureza de intención, la diafanidad en los negocios y transacciones, el aprecio y respeto por los valores del espíritu, y respeto por las cualidades morales y espirituales de los asociados, y la simpatía por las necesidades y problemas que rebasan el campo de lo estrictamente laboral o contractual. Podemos ver entonces que esta visión de la realidad crea personalidades diferentes, jefes y líderes diferentes, de criterios e ideales diferentes, más nobles, humanos y altruistas. Líderes y ejecutivos que se parecen a Jesús. Ejecutivos y líderes que perciben el mundo y la realidad de manera más completa e integral y tratan a los subalternos y asociados de manera más humana, noble y respetuosa. Para esta clase de líder, ejecutivo, director o gerente, sus obreros o empleados son más que operarios productores de bienes y beneficios de capital y trabajo. Son seres humanos con alma, pensamiento y sentimientos. Como fruto de esta visión espiritual e integral del mundo, florecen virtudes impensables en la visión materialista y empírica del mundo. Virtudes que Cristo enseñó, pero sobre todo practicó con su grupo de asociados, y que constituyeron el éxito de su misión y de su empresa.

Los secretos de la gracia y la compasión

Estos dos términos parecen desentonar de los parámetros de una dirección empresarial que confunde «profesionalidad» con frialdad e insensibilidad a las necesidades humanas. La palabra «gracia» está en el centro mismo de la tradición judeo-cristiana, y constituye el eje central de las relaciones de Dios y Jesucristo con el mundo y los seres humanos. La realidad que Cristo nos pinta y describe en su Evangelio es una realidad «graciosa» o llena de gracia. Jesús de por sí poseía una «gracia natural» que atraía, como un imán, a las multitudes e infundía simpatía y respeto.

Sus dichos y parábolas exudan gracia y simpatía que se expresan muchas veces en forma poética:

> *Fíjense en las aves del cielo; no siembran ni cosechan ni almacenan en graneros; sin embargo, el Padre celestial las alimenta. ¿No valen ustedes mucho más que ellas? ...Observen cómo crecen los lirios del campo. No trabajan ni hilan; sin embargo, les digo que ni siquiera Salomón, con todo su esplendor, se vestía como uno de ellos.*

Mateo 6:26, 28–29

Percibimos en estos pasajes no sólo «gracia natural», sino «sobrenatural». Hablan de la manera «graciosa» y generosa como Dios dirige y administra su creación, dando delicada atención y cuidado a los seres humanos. Se trata de una gracia generosa de aceptación, como cuando afirma Jesús que *«el Padre de los cielos hace que salga el sol sobre malos y buenos y que llueva sobre justos e injustos»* (Mateo 5:45).

Los Evangelios están llenos de figuras «graciosas», de corazón noble y generoso. Todas ellas de una manera u otra representan el corazón lleno de gracia del Padre, y la actitud generosa y noble que Jesús exhibió con sus discípulos y seguidores, por no decir que con todo el mundo. La figura del padre compasivo y magnánimo de la parábola del hijo pródigo (Lucas 15:11–32) es paradigmática. Todos sabemos la historia. Se trata del hijo que reclama a su padre su herencia y va y la derrocha en francachelas y vicios, hasta que se queda sin nada; reflexiona y regresa a los brazos de su padre, que lo recibe con amor y regocijo. La enseñanza de Jesús en esta parábola es bien clara: Dios es como el padre generoso, que perdona y acoge y está dispuesto a dar otra oportunidad a quien se arrepiente, reconoce su error y quiere reivindicarse. Esta clase de actitud debe estar en el presupuesto de todo director, ejecutivo y gerente. Jesús fue un líder realista y sabio que conocía a la perfección la naturaleza humana, y sabía que no hay nadie perfecto. De hecho, el grupo de sus discípulos le dio muchos sinsabores por su falta de claridad y comprensión respecto a su misión. Fue su actitud comprensiva, dispuesta a la gracia y el perdón, la que le ganó el corazón de sus seguidores, hasta convertirlos en los más leales y convencidos discípulos. Y es que un corazón generoso, en el que hay cabida para la gracia, la compasión y el perdón, conquista otros corazones, crea lealtades, y obtiene respuestas nobles y generosas. Muchos piensan que es necesario rigidez e inflexibilidad para mantener la disciplina. Y esta estrategia puede funcionar algunas veces. Pero Cristo probó que un jefe bien que puede combinar seriedad y firmeza de principios, exigencias claras y rotundas en el cumplimiento de las reglas, con gracia y comprensión, que dan campo a la enmienda y la rectificación. Un buen jefe es pues, como Cristo: serio y comprensivo, estricto y compasivo, exigente y generoso. Todo esto forma parte de la nueva visión de la realidad que Cristo trasmitió a sus seguidores. Visión realista e integral; optimista y real, clara y completa; que busca el ideal de la perfección, pero da cabida a la equivocación, la enmienda y la rectificación.

Una visión que integra maravillosamente lo material y lo humano con lo espiritual y lo divino; y que señala derroteros superiores a nuestros ideales, aunque nos permite realizarnos plenamente en nuestros anhelos y proyectos temporales en este mundo.

IV

Técnicas de reclutamiento

«Pasando por la orilla del mar de Galilea, Jesús vio a Simón y a su hermano Andrés, que echaban las redes, y les dijo: Vengan, síganme y los haré pescadores de hombres.»
Marcos 1:16–17

No use escopeta, use un rifle

En otro lugar, en este mismo libro, mencionamos al equipo de expertos que dictan cursos para ejecutivos en diversas ciudades del mundo. A este grupo pertenecen, entre otros, el general Schwarzkop, que se hizo famoso como comandante de las fuerzas aliadas, en la guerra del Golfo Pérsico y el afamado hombre de empresa Al Dunlap.

Las enseñanzas sobre liderato y gerencia de empresas impartidas por este último ejecutivo mundial, son como las del general Schwarzkop y la del resto del grupo, sor-

prendentemente sencillas. Entre las muchas reglas acon-
sejadas para una moderna administración, menciona una
que él expresa con la siguiente metáfora: «No use una es-
copeta, use un rifle», refiriéndose a la forma selectiva
como debe reclutarse y despedirse el personal. La selección debe hacerse, estudiando cuidadosamente nombre
por nombre, candidato por candidato, creándose desde el
principio un compromiso personal e individual de cada
miembro del equipo, con la empresa. Lo mismo debe decirse, al momento de declarar cesantes o despedir empleados. Los reclutamientos o despidos masivos no son los
que dan los mejores resultados a la empresa.

En caso de despidos, deben agotarse todos los recursos para remediar los errores, y dar la oportunidad al
empleado o asalariado para reflexionar y enmendar su
conducta o mejorar su rendimiento. Pero, una vez cubierta esta parte, en la que se necesita cierto grado de
paciencia y comprensión, si se ve que nada se corrige y
ya no hay esperanza, pues hay que proceder al despido.

Jesús los escogió uno a uno

Lo interesante es que esta regla de reclutamiento y
despido de personal, que los teóricos modernos de administración de empresas aconsejan, fue ya practicada por
Jesús, en el reclutamiento de sus discípulos o apóstoles.
Los llamamientos de Jesús a formar parte de su equipo,
fueron siempre personalizados e individuales; y Jesús
invirtió tiempo, energía y cuidado en la selección de su
grupo de asociados. El evangelio de Marcos nos da un
buen ejemplo:

> Subió Jesús a una montaña y llamó a los que
> quiso, los cuales se reunieron con él. Designó doce, a
> quienes nombró apóstoles, para que los acompaña-
> ran y para enviarlos a predicar y ejercer autoridad
> para expulsar demonios. Estos son los doce que él

nombró: Simón (a quien llamó Pedro); Jacobo y su hermano Juan hijos de Zebedeo (a quienes llamó Boanerges, que significa: Hijos del trueno); Andrés, Felipe, Bartolomé, Mateo, Tomás, Jacobo, hijo de Alfeo; Tadeo, Simón el Zelote y Judas Iscariote, el que le traicionó.

Marcos 3:13–19

Están pues bien identificados individualmente los miembros del equipo. Es evidente que Jesús los conocía bien, pues hasta se permite cambiarles nombre a algunos de ellos, o agregar un sobrenombre o apelativo, de acuerdo con su personalidad u origen.

Lo cierto es que esta política o sistema de selección es practicada por Dios en toda la Biblia. Sus llamamientos son siempre individualizados. Un estudio de las vocaciones en el Antiguo y el Nuevo Testamento, nos muestra que el Dios de la Biblia seleccionó individuos a quienes llamó por su nombre, y para mejor identificarlos con su misión les cambió muchas veces de nombre. Demos un par de ejemplos del Antiguo y otro tanto del Nuevo Testamento: Abram, que significa «padre enaltecido», pasó a ser Abraham, que significa en hebreo «padre de muchos o padre de misericordia» (Génesis 17:5); Jacob, que podría significar «el del calcañar», o «el engañador», se convierte en Israel, «el que lucha con Dios», después de la lucha con un ser misterioso (Génesis 32:27–28). En el Nuevo Testamento tenemos el caso de Saulo («el deseado»), que cambia a Pablo («Paulus» en latín significa: «el pequeño»); el de Simón, que se convierte en Pedro (traducción griega del arameo *Kefa*: «piedra o roca»).

Por otra parte, como consecuencia del llamamiento divino, estos personajes entran a ser amigos cercanos de Dios, dialogan constantemente con él y cultivan una sorprendente intimidad con él; le consultan sus problemas y planes, y le comunican sus quejas y frustraciones.

Los que no sirven se van

Tenemos también en el Evangelio casos de despidos;
ocasiones en que Jesús tuvo que resignarse a perder un
adepto o a despedir a un discípulo extraviado. Fue el
caso del joven rico quien se mostró muy interesado en recibir respuesta a sus inquietudes sobre la otra vida,
pero, a pesar de su virtud y bondad, se echó para atrás
cuando Jesús le extendió la invitación a hacerse uno de
sus discípulos.

Todavía te falta una cosa: —le dijo Jesús— *ven-
de todo lo que tienes y repártelo entre los pobres, y
tendrás tesoro en el cielo. Luego ven y sígueme.*

Cuando el hombre oyó esto, —dice el Evangelista— *se entristeció mucho, pues era muy rico. Al
verlo tan afligido, Jesús comentó:*

*—¡Qué difícil es para los ricos entrar en el reino
de Dios!*

Lucas 18:22–24

Para Jesús este fue un caso perdido. Sencillamente
se dio cuenta de que no había madera de apóstol, o discípulo, en el joven rico. Le faltaban las virtudes fundamentales para ser un actor de primera línea en el reino
de Dios: generosidad, desprendimiento, arrojo, entrega y
un escala de valores superiores, en la que lo intangible y
espiritual, es superior y de mayor aprecio que los valores
tangibles y materiales, como las posesiones y riquezas.
Sencillamente Jesús, que tenía un ojo crítico para ver el
interior del corazón, descubrió que este joven no le ser-
vía, y lo dejó ir, con el dolor de su alma, sin insistir más.

El otro caso de despido fue aún más trágico. Se trata
de Judas Iscariote. El evangelista Juan nos da una narración muy detallada e interesante del caso de Judas, el
traidor. Todo el capítulo 13 de su evangelio está dedica-
do a este triste episodio, que está enmarcado entre el la-

vamiento de los pies de los discípulos y la última cena. Jesús aprovecha el acto del lavamiento, para echarle al traidor unas indirectas, que más parecen directas. Hablando con Pedro, que se negaba a dejarse lavar los pies del Maestro, Jesús menciona la limpieza interior y agrega: *«Ustedes ya están limpios, aunque no todos.»* Y Juan muy agudamente hace el comentario: *«Jesús sabía quién lo iba a traicionar, y por eso dijo que no todos estaban limpios»* (Juan 13:10–11).

Hay como un segundo episodio o «round», en el que Jesús «ataca» de frente a Judas, a ver si reacciona. Y hablando de «limpieza», su discurso es bastante explícito:

No me refiero a todos ustedes; —dice Jesús— *yo sé a quienes he escogido. Pero esto es para que se cumpla la Escritura: «El que comparte el pan conmigo me ha puesto la zancadilla.»*

Luego viene el pasaje dramático, en el que, ante la afirmación de Jesús: *«Les aseguro que uno de ustedes me va a traicionar»*, todos los discípulos se perturban; y «el discípulo que Jesús amaba», azuzado por Pedro, se atrevió a preguntar: *«Señor, ¿quién es?».* Y es cuando Jesús usa un gesto simbólico muy elocuente para señalar al traidor. Pone a Judas a comer de su plato y él mismo le da pan mojado. Jesús va de la advertencia y denuncia de las malas intenciones de Judas, al gesto amistoso que busca su reflexión y arrepentimiento. Muchos dirían que Jesús le dio muchas oportunidades al traidor; más de las que merecía. La realidad es que Jesús nos enseña a los directivos y jefes de personal virtudes que son escasas y raras en esta clase de personas; paciencia, comprensión y misericordia. Y da el caso por perdido sólo cuando ya se da cuenta de que no hay esperanza, porque el traidor tiene dañado el corazón, y es inútil insistir. Y es así como termina el triste episodio. Jesús despide a Judas.

Acto seguido —dice el Evangelista— [Jesús] *mojó el pedazo de pan y se lo dio a Judas Iscariote, hijo de Simón. Tan pronto como Judas tomó el pan, Satanás entró en él.*

Y Jesús le dijo:

Lo que vas a hacer, hazlo pronto.

Juan 13:26–27

Esta fue la sentencia definitiva de Jesús. Es como si le dijera:

«¡Quedas despedido!»

Lentos en emplear, prontos en despedir

Los manuales modernos de manejo de personal aconsejan que el jefe o ejecutivo debe ser lento en emplear y pronto o rápido en despedir. En realidad lo que se aconseja es prudencia y sabiduría en la selección del personal, que sólo debe ser empleado, cuando tenemos toda la información necesaria de sus antecedentes y llegamos, a través de las recomendaciones, informes y entrevistas a la convicción de que el candidato es realmente la persona adecuada para ocupar el puesto. No deja de ser un misterio el porqué Jesús, entre tanta gente que lo rodeó y siguió, se decidió sólo por los doce. La realidad es que estos doce le dieron mucho que hacer y la lucha para convencerlos, educarlos y modelarlos no fue fácil. Tuvo que regresar, después de su resurrección, a estar con ellos unos días para reconquistarlos, reorganizarlos y relanzarlos a la empresa de la conquista del mundo para su Evangelio. El hecho concreto es que la historia de la expansión de la iglesia en el primer siglo comprobó que, a pesar de sus limitaciones y defectos, la selección inicial de Cristo fue la correcta. Los elegidos, con la única excepción de Judas, terminaron siéndole fieles, hasta la muerte y el martirio; y de una u otra forma realizaron la obra que les dejó encargada, al irse al cielo.

Por otra parte, Jesús no vaciló en dejar ir o despedir a los que no le servían; y puso duras condiciones para aceptar candidatos:

> *El que quiere a su padre o a su madre más que a mí no es digno de mí, el que quiere a su hijo o a su hija más que a mí no es digno de mí; y el que no toma su cruz y me sigue no es digno de mí.*
>
> Mateo 10:37–38

Este planteamiento que parece duro, muestra claramente algo que todo ejecutivo desea ver en la gente de su equipo: una sincera, entusiasta y completa dedicación a la causa y objetivos de la empresa. Hace ver además la honestidad del Maestro en mostrar a sus discípulos las serias responsabilidades que les esperan que ciertamente no son fáciles. Todo empleado debe conocer claramente las responsabilidades y exigencias de su empleo; y el empleador o ejecutivo encargado del reclutamiento debe ser claro y terminante en hacérselo saber, sin «dorarle la píldora», como vulgarmente se dice.

En resumen y conclusión, Jesús nos enseña ciertas cualidades básicas que deben practicarse en el proceso del reclutamiento: claridad, honestidad, sana perspicacia y prudencia en la selección, y prontitud en la decisión de aceptar o rechazar candidatos. Todo debe hacerse con decencia, respeto, comprensión y amor.

V

Referencias y recomendaciones

«Al día siguiente Juan estaba con dos de sus discípulos. Al ver a Jesús que pasaba por ahí, dijo: —¡Aquí tienen al Cordero de Dios! Cuando los dos discípulos oyeron esto, siguieron a Jesús.»

«Felipe buscó a Natanael y le dijo: —Hemos encontrado a Jesús de Nazaret.»

Juan 1:35–37, 44–45

Jesús usó varios métodos para reclutar a sus discípulos; uno de ellos muy utilizado hoy como parte de las técnicas modernas de reclutamiento y selección de personal: la referencia o recomendación. Juan tiene todo un pasaje, al principio de su Evangelio (1:35–51), que describe de manera sencilla y precisa el uso que Jesús hizo de esta técnica. La sabiduría de este método radica en permitir al candidato recibir información y orientación sobre el trabajo que se le ofrece, permitiéndole así tomar una decisión madura para aceptarlo o rechazarlo. El patrón o jefe tiene también la oportunidad de hacer la selección de personal apoyado en la información proveniente de alguien que conoce la empresa, al candidato y al jefe mismo. Así nadie puede llamarse a engaño; y la nueva relación laboral se inicia con mejor conocimiento de causa. Veamos cómo funcionó esta técnica en el reclutamiento de algunos de los miembros del colegio apostólico, que sirvió a Jesús como el grupo ejecutivo de su empresa de salvación. Lo veremos más claro si vamos por etapas:

Primera etapa

Juan el Bautista actúa como el referente que remite dos de sus propios discípulos a Jesús:

> *Al día siguiente* [del reconocimiento de Jesús por parte de Juan, a orillas del Jordán] *Juan estaba de nuevo allí, con dos de sus discípulos. Al ver a Jesús que pasaba por ahí, dijo:*
>
> *—¡Aquí tienen al Cordero de Dios!*
>
> *Cuando los dos discípulos le oyeron decir esto, siguieron a Jesús.*
>
> Juan 1:35–37

La referencia de Juan, aunque sucinta, es completa. Para los dos discípulos, buenos judíos, conocedores de las Escrituras, bastaba y sobraba la caracterización que Juan hace de Jesús, como «*el Cordero de Dios*». Sólo a uno se podría caracterizar de esta manera, al Mesías.

Segunda etapa

En esta etapa se da lo que se identifica en el proceso moderno de reclutamiento como «la entrevista». Juan la describe así:

> *Al ver que lo seguían, Jesús se volvió y les preguntó:*

—*¿Qué buscan?*

—*Rabí, ¿dónde te hospedas? (Rabí significa: Maestro).*

—*Vengan a ver —les contestó Jesús.*

Este diálogo tiene mucha importancia. En primer lugar, introduce hechos que por lo significativos harán la selección de los discípulos más consciente y real. Los dos discípulos estaban siguiendo a alguien del que tenían suficiente información, pues sabían que era un rabí, persona importante y respetable en Israel. En segundo lugar, Jesús no quiere adhesiones y seguimientos emocionales o superficiales. Los invita a que comprueben qué clase de vida lleva, dónde vive y qué les espera a su lado. La decisión de parte y parte es pues seria y con pleno conocimiento de los hechos:

Los discípulos, fueron pues, y vieron donde se hospedaba, y aquel mismo día se quedaron con él. Eran como las cuatro de la tarde.

El resto del episodio nos describe una referencia en cadena muy común y efectiva, en el reclutamiento de personal. Se utiliza además en el mercadeo moderno, como medio eficaz de promoción de una empresa o producto.

Tercera etapa

Se amplían las referencias y se multiplica el reclutamiento.

Andrés, hermano de Simón Pedro, era uno de los que, al oír a Juan, habían seguido a Jesús. Andrés encontró primero a su hermano Simón y le dijo:

—*Hemos encontrado al Mesías (es decir al Cristo).*

Luego lo llevó a Jesús, quien mirándolo fijamente, le dijo:

—*Tú eres Simón Pedro, hijo de Juan. Serás llamado Cefas (es decir Pedro).*

Parece como si Cristo hubiera recibido y leído previamente el «resumé» u hoja de vida de Pedro. El hecho concreto es que Jesús se muestra como un ejecutivo bien cuidadoso e informado, que ha recolectado datos e información de los que va a llamar a formar parte de su equipo. No está improvisando, ni eligiendo a la ligera. Antes de tomar la decisión conoce bien con quiénes está tratando, y si le conviene o no determinado candidato.

Por otra parte, da a Pedro una nueva identificación. Esta era una costumbre muy difundida en el medio semítico y oriental. Cambiar de nombre a quien adquiría un nuevo oficio o identidad. El sentido último y profundo de esta acción es la de tomar posesión de la vida y persona de un individuo. Esto tiene sentido cuando lo hace Dios o Jesucristo, como es aquí, en el caso de Pedro. En términos empresariales se trata de revestir a un empleado o asociado de la autoridad y responsabilidad de su oficio, identificándolo plenamente con la naturaleza y objetivos de la empresa. Cristo está, pues, involucrando de lleno a Pedro a su misión dándole un sentido de pertenencia. Pedro debió sentirse muy halagado; realmente importante. Y esta es otra sabia técnica de manejo de personal que Jesús supo utilizar a las mil maravillas; dar a sus asociados un sentido de pertenencia. La motivación y entusiasmo del empleado o asalariado aumenta cuando él mismo se siente parte de la empresa y considera el trabajo o misión que se le encomienda como propios. «¡Esta es mi empresa! ¡Este es mi ministerio!» Pero, sigue el proceso.

Cuarta etapa

Jesús quiere completar su equipo, introduciendo personal de otras comarcas. Él quiere enriquecer al grupo con personas de diversas extracciones, que representen en lo posible los públicos a lo que va a dirigir inicialmente su trabajo ministerial. Por eso, *«al día siguiente, Jesús decidió salir hacia Galilea»*. Pero antes de irse agrega un discípulo más a su lista. Se trata de Felipe, que era del mismo pueblo de Andrés y Pedro, Betsaida (Juan 1:43–44).

Quinta etapa

Sigue el reclutamiento en cadena, por referencia; y se va perfeccionando. Habla muy bien de la manera como Cristo promueve su empresa entre los discípulos reclutados el hecho de que cada uno de ellos busque de inmediato enrolar a otros en el equipo. Fue lo que pasó con Felipe, quien, según el evangelio:

> *buscó a Natanael y le dijo:*
>
> *—Hemos encontrado a Jesús de Nazaret, el hijo de José, aquel de quien escribió Moisés en la ley, y de quien escribieron los profetas.*

El reclutamiento de Natanael, por parte de Felipe, tiene especial significación por la actitud decisiva de Felipe, tan enardecido con su nuevo puesto en el equipo de Jesús, que argumenta con Natanael, cuando lo ve indeciso y escéptico, acerca de si de Nazaret podría de verdad salir un líder de la categoría del Mesías.

Habla muy bien del jefe de una empresa que sus asociados quieran que otros gocen de su compañía y dirección y formen parte de su grupo. El buen ejecutivo no sólo inspira y convence por sí mismo, sino que inspira y motiva a otros para promover su empresa y trabajo. Felipe terminó por convencer a Natanael de las ventajas de adherirse al grupo de Jesús. Fue su argumentación tan convincente que terminó por desarmar a Natanael, que parecía ser un hombre duro de cabeza, empírico y racionalista.

«Ven a ver», —dijo.

Para un escéptico no hay mejor argumento que el empírico. Es el mismo que Cristo utilizará con Tomás, para probar su resurrección.

—Ven y convéncete por ti mismo. No anticipes juicios sin fundamento. Ven y experimenta la compañía y dirección del Maestro.

Realmente Felipe se mostró aquí no sólo como un buen promotor, sino como un gran evangelista. Necesitamos ciertamente a muchos cristianos como Felipe, que convenzan a miles a «probar» con Jesús, y no rechazarlo de entrada por sus prejuicios o presuposiciones.

El proceso de reclutamiento termina reafirmando las dotes sobresalientes de Jesús, como hábil líder, que sabe cómo formar su equipo. Cuando Natanael se le acercó, ya había averiguado qué clase de persona era, cuáles eran sus cualidades y defectos. Y conociendo su desinterés y escepticismo inicial, Jesús utiliza sabiamente la parte positiva de la información que tiene sobre Natanael, para estimularlo y animarlo a entrar a su grupo.

«Aquí tienen a un verdadero israelita, en quien no hay falsedad».

El elogio y reconocimiento, si son justos, son recursos legítimos que un buen ejecutivo debe utilizar sabiamente, para estimular a su equipo. Y si lo hace bien, puede conseguir muy buenos resultados. Como los consiguió Jesús con Natanael. Picó su curiosidad y quizás un poco su vanidad, y le dio oportunidad para que se diera cuenta de la clase de persona que tenía por delante, y quién era el que lo invitaba a formar parte de su grupo de asociados y ejecutivos.

—¿De dónde me conoces? —le preguntó Natanael.

—Antes de que Felipe te llamara, cuando aún estabas bajo la higuera, ya te había visto. (O como diríamos hoy en lenguaje más popular: «Ya te había echado el ojo».)

Se desborda entonces el entusiasmo de Natanael, y su respuesta sella de la mejor manera su llamamiento. En realidad es una confesión de fe en la persona del Jefe:

—*Rabí. ¡tú eres el Hijo de Dios! ¡Tú eres el Rey de Israel!*

Jesús entonces aprovecha la oportunidad para estimular a Natanael y a todo el grupo. Es lo que debe hacer todo buen ejecutivo con su equipo de trabajo; como lo hace el general con sus tropas en el campo de batalla: exhortarlas, antes de lanzarlas al combate. Mostrarles la nobleza de la causa y prometerles resultados positivos, cuando no gloriosos. Jesús es un maestro en el manejo de la fibras más íntimas del alma humana. Con una frase sabe tocar los corazones y entusiasmarlos por su causa. Es lo que hace precisamente en este pasaje, para sellar su ejercicio de reclutamiento de los primeros integrantes de su empresa de salvación. Y sus palabras son una arenga estimulante que promete triunfos formidables a quienes se lancen con él a la conquista del mundo para su Reino. Son estas promesas las que sostendrán la entrega decidida de sus seguidores, hasta el día de hoy. Todos deben saber en qué clase de empresa se están enrolando; y qué clase de Jefe es el que va a dirigirlos:

—*¿Lo crees porque te dije que te vi cuando estabas debajo de la higuera?* —le dijo a Natanael, aunque en realidad se estaba dirigiendo a todos sus seguidores —*¡Vas a ver aun cosas más grandes que éstas!*

Y añadió:

Les aseguro que ustedes verán abrirse el cielo, y a los ángeles de Dios subir y bajar sobre el Hijo del hombre.

Juan 1:50–51

VI

Inspirar, no imponer

«Les he puesto el ejemplo, para que hagan lo mismo que yo he hecho con ustedes.»
Juan 13:14

Una personalidad arrolladora

La fuerza de la personalidad de Jesús no radica en ninguna clase de imposición o poder. Ni su figura, ni su entorno socio-político, ni siquiera sus antecedentes familiares son muy impresionantes. No usó Jesús autoridad, fuerza o poder para imponer sus ideales, sino que consiguió autoridad y poder encarnando él mismo estos ideales al punto que inspiró de tal manera a sus seguidores que todos querían imitarlo; ser como él.

¿Cuál fue el secreto del poderoso atractivo de Jesús sobre sus seguidores? ¿Qué fue lo que le permitió sostener un liderato incontrastable sobre su grupo de asociados, por no decir sobre todo el que lo trataba?

Aunque fue un hombre de firmes convicciones, su trato y sus modales eran más bien suaves y corteses. Sus razonamientos, aunque sabios y muchas veces incisivos, rara vez fueron violentos o impositivos. Combatía el mal, el pecado y la injusticia con clara determinación, pero evitaba ofender o rechazar al que se equivocaba de buena fe, o aceptaba enmendarse.

El secreto de Jesús

Varios factores podrían citarse para explicar el secreto de la personalidad arrolladora del Maestro; todos ellos se pueden resumir en una frase: «Jesús inspiró, nunca se impuso». Todos sus seguidores fueron voluntarios; los que formaron el entorno más cercano de su persona y misión tuvieron que dejar todo o casi todo para seguirlo. Algo especial irradiaba la persona del Maestro para atraer a las multitudes y conseguir la adhesión irrestricta de sus seguidores. Jesús fue un líder que inspiraba autoridad, seguridad y confianza. Lo hacía con su palabra trasparente de verdad. Nadie podía llevarse a engaño. Sus planteamientos sobre cualquier tema eran claros y certeros; sus promesas seguras. Si bien su doctrina y enseñanza eran sorprendentemente novedosas, más impresionaba la sencilla convicción y serena autoridad con que las exponía. Por eso —dice el evangelista Mateo— *«las multitudes se asombraban de su enseñanza, porque les enseñaba como quien tenía autoridad, y no como los maestros de la ley»* (7:29). La enseñanza de Jesús fue inspiradora.

Quien está en autoridad deben inspirar confianza. El fracaso de un directivo comienza cuando sus subordinados dejan de creer en él, porque se ha probado infiel en sus juicios y promesas. La palabra del jefe debe valer oro. Nada descontrola tanto el manejo de una empresa, como la inseguridad de los empleados u obreros con respecto a los criterios que utiliza el jefe para evaluar a sus subordinados, o a los principios y reglas que rigen su conducta en la dirección de la empresa. La claridad y consistencia en estos criterios y principios son definitivos no sólo para la buena marcha de la empresa, sino para el cumplimiento de sus metas y objetivos. Y en esto Jesús tiene mucho que enseñar a los directivos de hoy.

El ejemplo arrastra

Además de su doctrina y enseñanza, otra fuente de inspiración para sus seguidores fueron su vida y persona. Jesús podía presentarse con la frente en alto delante de cualquier audiencia, incluyendo la de sus gratuitos enemigos, los escribas y fariseos, que se creían puros y santos. Su vida trasparente inspiraba a todo el que se le acercaba; hasta los niños se sintieron cómodamente seguros a su lado (Marcos 10:13–16). Sus enemigos podían contrastar su doctrina y disgustarse con sus juicios, pero ninguno podía acusarlo del más mínimo desvío en su conducta moral. *«.. aunque no me crean a mí, crean a mis obras»*, les reclamó a estos mismos enemigos (Juan 10:38). Jesús fue un ejemplo a seguir. La pureza de su vida y trasparencia de su conducta inspiraban aun más que su misma doctrina. Por eso no vaciló en ponerse como ejemplo, en la práctica de muchas virtudes, que son claves en las relaciones humanas y en la conducción de un equipo: *«Aprendan de mí pues yo soy apacible y humilde de corazón»* (Mateo 11:29). *«Les he puesto el ejemplo, para que hagan lo mismo que yo he hecho con ustedes»* (Juan 13:15). Como se dice: «las palabras vuelan, el ejemplo permanece». El ejemplo de Cristo era inspirador, como debe ser el de todo superior o directivo. Desgraciadamente con frecuencia, frente a la conducta de muchos directivos hoy, no nos queda otra que dar a sus subordinados el consejo que Jesús tuvo que dar, hablando de los directivos de su tiempo: *«Ustedes deben obedecerlos y hacer todo lo que les digan. Pero no hagan lo que hacen ellos, porque no practican lo que predican»* (Mateo 23:3).

Servicio

Entre las muchas virtudes inspiradoras de la persona de Jesús, una las resume a todas: servicio; su permanente actitud de entrega al servicio de los demás. Él mismo lo dijo: *«El Hijo del hombre no vino para que le sirvan, sino para servir y para dar su vida en rescate por muchos»* (Mateo 20:28). Esta actitud es quizás la que mejor explica el poder de atracción de la persona del Maestro y el secreto de la fortaleza inspiradora de su liderato: servicio. Cristo revolucionó la filosofía sobre la que se basan los diversos sistemas de gobierno y autoridad.

> *Como ustedes saben —dijo a sus discípulos— los que se consideran jefes de las naciones oprimen a los súbditos, y los altos oficiales abusan de su autoridad. Pero entre ustedes no debe ser así. Al contrario, el que quiera hacerse grande entre ustedes deberá ser su servidor, y el que quiera ser el primero deberá ser esclavo de todos. Porque ni aun el Hijo del hombre vino para que lo sirvan, sino para servir y para dar su vida en rescate de muchos.*
>
> Marcos 10:42–45

Lo que Cristo quiere decir es que el poder y la autoridad se ejercen mejor como un don y no como una exigencia o imposición. Un don o entrega de parte del que manda y dirige, hacia su empresa y su equipo. El equipo se anima e inspira cuando el jefe se identifica con el grupo, se hace parte de sus anhelos e ideales, trabaja hombro a hombro con ellos en la obtención de las metas y objetivos, trata de entender sus problemas y frustraciones, comprende sus fallas y limitaciones y participa de sus triunfos y fracasos. Además, todos saben que el jefe está ahí con ellos; pueden contar con él; acudir a él. No los va a dejar solos. Es como si escucháramos a Cristo cuando comisionaba a su grupo con una misión desafiante, que abarcaba todo el mundo, asegurar a sus discípulos: *«Estaré con ustedes siempre, hasta el fin del mundo»* (Mateo 28:20).

VII

Aceptar los desafíos

«Jesús, muy consciente de que sus discípulos murmuraban por lo que había dicho, les reprochó: ¿Esto les causa tropiezo? ¿Qué tal si vieran al Hijo del hombre subir a donde estaba?»
Juan 6:61–63

«Así que Jesús les preguntó a los doce: ¿También ustedes quieren marcharse?»
Juan 6:66–67

Hay que correr riesgos

El líder genuino se prueba cuando hay que correr riesgos. Difícil llegar a alguna parte si no nos arriesgamos. La vida está llena de desafíos y decisiones que nos llevarán al triunfo o al fracaso, según los confrontemos. Y si esto se dice de la vida individual ordinaria que todos debemos confrontar, ¿qué no podrá decirse de la vida de la empresa o la marcha de la organización que eventualmente es puesta bajo nuestro cuidado y dirección? El ejecutivo moderno encuentra cada día a su paso multitud de oportunidades en las que se pondrá a prueba su capacidad de decisión. Y al decidirse, afectará a muchos, incluyéndose a sí mismo. Jesús debió tomar decisiones importantes y riesgosas, y en muchas de ellas se jugó su popularidad y hasta la vida. Veamos algunos ejemplos:

Muy al principio de su ministerio, después del espectacular milagro de la multiplicación de los panes y los peces, Jesús presentó, en la sinagoga de Capernaún, su discurso sobre el «pan de vida», que fue malinterpretado por sus oyentes, al tomar sus palabras literalmente: *«¿Cómo puede éste darnos a comer su carne?»* alegaban (Juan 6:52). Jesús se sostuvo en su enseñanza. Muchos lo dejaron, y hasta algunos de sus discípulos comenzaron a murmurar: *«Esta enseñanza es muy difícil; ¿quién puede aceptarla?»* Algunos inclusive *«le volvieron la espalda y ya no andaban con él.»* El incidente sirvió al Maestro para mostrar el temple de su alma de líder convencido que no claudica sus principios ante la oposición; le sirvió además para poner a prueba la fe y lealtad de su grupo más cercano de discípulos; algo que es vital para todo líder o ejecutivo. Por eso preguntó a los doce: *«¿También ustedes quieren marcharse?»* Simón tomó la vocería del grupo para hacer una de las más elocuentes afirmaciones de fe y lealtad que Jesús recibiera en toda su vida: *«Señor, ¿a quién iremos? Tú tienes palabras de vida eterna»* (Juan 6:60–71).

Aun a riesgo de su vida

En la primavera del año 30, durante la celebración de la Pascua judía, Jesús deliberadamente tomó la decisión de dirigirse a Jerusalén, sabiendo que le esperaba la prueba definitiva de su vida, y eventualmente la muerte.

Entonces Jesús tomó aparte a los doce y les dijo: Ahora vamos rumbo a Jerusalén, donde se cumpli-

rá todo lo que dijeron los profetas acerca del Hijo
del hombre. En efecto, será entregado a los gentiles.
Se burlarán de él, lo insultarán, lo escupirán; y
después de azotarlo, lo matarán. Pero al tercer día
resucitará.

Lucas 18: 31–33

El profeta milagroso que arrastraba multitudes tras
de sí, el maestro que desafiaba la sabiduría convencional
de su tiempo y enseñaba una vía alternativa de trasformación y regeneración, el carismático iniciador de un movimiento de fuerte contenido social y espiritual, tomó la
decisión de su vida: subir a Jerusalén con sus doce apóstoles y el resto de sus seguidores, y exponerse a la prueba
suprema de presentar su doctrina y revelar su intención
de construir un nuevo reino y un nuevo pueblo, el reino y
el pueblo de Dios, por encima de lo que pensaran muchos
de su pueblo, particularmente el liderato político-religioso que gobernaba a Israel.

Muchos piensan que este viaje final de Jesús fue deliberadamente buscado por Jesús para hacerse matar y
realizar el sacrificio que redimiría a su pueblo y a toda la
humanidad. Por hermoso y teológicamente correcto que
esto parezca, no fue ese el primero y primordial propósito de Jesús en este su viaje final a Jerusalén. No al menos, antes de llevar al clímax su misión profética, y su
apelación final a su pueblo al arrepentimiento. Lo quiso
hacer precisamente en la ciudad que era el centro de la
vida religiosa nacional; y lo hizo conscientemente. Por
eso se le oyó decir, mientras subía a la ciudad santa:
«Tengo que seguir adelante hoy, mañana y pasado mañana, porque no puede ser que muera un profeta fuera de
Jerusalén» (Lucas 13:33). Esta sola frase muestra el
templado carácter de Jesús, que no se arredra ante el peligro, cuando debe cumplir su misión.

Decisiones que duelen

El directivo o ejecutivo de hoy y de siempre puede ser que no tenga que confrontar la prueba suprema de su muerte, al tomar ciertas duras decisiones. Pero tendrá infinidad de oportunidades en las que sus decisiones le acarrearán difíciles consecuencias personales. Decisiones que le restarán popularidad, le crearán enemigos, y pondrán a riesgo su propia estabilidad en el puesto. Decisiones que su sentido de responsabilidad le dice que debe tomar, aunque se pueda quedar solo. Sabe que es su obligación para salvar a la empresa, o encaminarla por caminos de recuperación y progreso; para limpiar el ambiente laboral de malos elementos y quedarse sólo con los leales a sus planes y objetivos. Por algo lo llaman ejecutivo, porque ejecuta y hace honor a su categoría y posición, diciendo: *«esto debe hacerse así», «por aquí es por donde debemos ir», «esto no está bien y debe cambiarse»*, y mil decisiones semejantes, que de seguro no lo harán muy popular, pero sí lo mostrarán como el eficiente directivo que no tiene miedo de tomar sus riesgos, cuando es necesario. Al emprender Jesús el viaje riesgoso a Jerusalén sencillamente estaba siendo fiel a su misión de profeta anunciador del reino de Dios y se estaba identificando a sí mismo con las voces proféticas del pasado, de los enviados por Dios a la gran ciudad. Lucas describe su misión en forma muy pintoresca y elocuente, usando la metáfora de la gallina y los pollitos. Se trataba de *«reunir a los habitantes de la gran ciudad, como reúne la gallina a sus pollitos»*, para enseñarles lo que más les convenía (véase Lucas 13:34–35).

Sin alardes ni pretensiones

El ejecutivo que se siente seguro en sus decisiones no necesita de alardear, ofender ni imponer agresivamente sus decisiones y su propia persona. Esta clase de actitud,

lejos de ganarle la atención y colaboración de sus asociados o subalternos, puede resultarle contraproducente,
creándole resistencias y mala voluntad. De nuevo Jesús
nos ayuda a mostrar la mejor forma de conquistar voluntades y corazones y reunir alrededor de nuestro liderato y
dirección a quienes deben aceptar nuestro mensaje y misión y secundar nuestra acción. Su entrada a Jerusalén,
aunque imponente y sorprendente en sí, quiso que fuera
en la forma más humilde y pacífica. Llegó montado en un
borrico. Quienes conocían las Escrituras sabían que, según lo anunciado por los profetas, así debía llegar el Mesías (véanse Mateo 21:2ss. y Zacarías 9:9). Se trataba de
un Mesías firme en sus convicciones, pero a quien nadie
debía temer. Llegaba en son de paz y nadie tuvo que azu-
zar la multitud para que lo reconociera entusiasta, como
Rey. Pero no un rey arrogante y agresivo, sino sencillo,
manso y humilde. Su mensaje y misión eran de paz y perdón. Y todos estaban invitados a participar de su reino.

Como Jesús, el líder o directivo debe estar listo para
hacerse presente con entereza, pero sin arrogancias en
la escena de su misión y empresa, cuantas veces lo requieran las circunstancias. Esta última semana de la
vida de Jesús estuvo llena de acciones dramáticas, algunas confrontaciones y acontecimientos definitivos que
marcarían sus últimos días en la tierra, pero darían
principio a la etapa final de la empresa de salvación que
lo trajo a este mundo. De sus decisiones en esta etapa definitiva de su vida, saldría el proyecto acabado de misión
y ministerio que sus discípulos y seguidores debían continuar. Y a pesar del aparente fracaso, que desembocó en
su muerte, la decisión de arriesgarse y morir dio vida al
movimiento más poderoso y estable que perduraría por
siglos, hasta la misma eternidad.

Dejar una herencia perdurable

Todo buen gerente o ejecutivo debe dejar un legado de realizaciones positivas perdurables, que perpetúe su nombre en los anales de su organización. La galería de retratos y placas que vemos en los pasillos y salones de empresas y organizaciones debería ser más que fotos de personajes del pasado, un vivo ejemplo de lo que debe ser un ejecutivo. Al verlos, los integrantes de la empresa deberían sentirse motivados a hablar de los logros obtenidos por don fulano de tal, doña mengana o zutana que dirigieron la empresa en tal o cual tiempo del pasado. Y podemos estar seguros de que por encima de todas sus ejecutorias, se recordarán los momentos de crisis, cuando supieron tomar decisiones difíciles.

En la historia de Jesús, los actos más recordados son los de mayor riesgo, cuando Cristo exhibió la solidez de su persona y la entereza de su carácter. Uno de ellos puede servirnos de ejemplo: la expulsión de los mercaderes en el templo (véase Marcos 11:15–17, con pasajes paralelos en Mateo 21:12–13 y Lucas 19:45–46) . La escena se desarrolló en la explanada superior del templo, una plataforma de unos treinta y cinco acres, que se dividía en varios corredores y edificios, incluyendo el templo mismo, con su santuario. No era en realidad una construcción muy grande y se suponía que, más que un edificio público, fuera «la casa de Dios», una residencia privada de la divinidad hebrea. El servicio público se daba en los edificios que rodeaban el santuario. Otros edificios estaba reservados a los levitas, y a los hombres y mujeres israelitas por separado. Separados de estos se encontraban los sitios asignados para la venta de animales para los sacrificios, y el cambio de moneda ordinaria, por la moneda del santuario, que no tenía ninguna imagen grabada. El acceso al templo estaba estrictamente prohibido a los gentiles, bajo pena de muerte.

No temer a la oposición

Fue en uno de estos lugares exteriores del templo donde Jesús realizó su segundo acto profético más dramático en su última visita a Jerusalén. Muchos han llamado esta acción de Jesús como «su acción pública más valiente y arriesgada». Expulsó a los cambistas de moneda y a los vendedores de animales para el sacrificio. Fue una acción provocativa y desafiante que pudo suscitar una revuelta y reacción de consecuencias impredecibles. Todavía hoy se sigue discutiendo cómo es que los guardias romanos, encargados de la custodia del templo, no intervinieran y pararan a Jesús. La explicación muy probablemente la tenemos en la misma persona del Maestro, sencilla pero imponente en su grandeza y decisión que se manifestó en sus gestos y palabras. Era un hombre de convicción y carácter, que sorprendió a todos por la valentía de su acción y la sabiduría de sus palabras. Nada impresiona más que una persona de convicciones, que mantiene sus principios, por encima de todo. Los buenos y bien intencionados se ven representados por esta clase de personas de entereza y carácter. Y hasta los díscolos e indiferentes no dejan de admirarlo. De seguro que las almas piadosas y decentes de Israel, así como los mismos guardianes del orden de la ciudad y el templo, tácitamente aprobaban la acción valiente del Nazareno, que arriesgaba su vida, para defender el honor de Dios y de su templo. Las palabras de Jesús, citando a los profetas Isaías y Jeremías: «*Mi casa es casa de oración, para todas las naciones, pero ustedes la han convertido en cueva de ladrones»*, debieron impresionar a los mismos cambistas y mercaderes. Este rabí no estaba defendiendo ninguna causa personal, sino el honor del Dios de Israel, que había hecho de su templo el lugar sagrado de encuentro con su pueblo, a través de la plegaria, la adoración y el culto (véanse Isaías 56:7; Jeremías

7:11). Había además un matiz interesante en la cita de Isaías cuando dice *«para todas las naciones»*.

De seguro que este detalle había pasado inadvertido para muchos en Israel. El templo estaba abierto a la comunicación con Dios a todos los pueblos de la tierra; por eso había «un atrio para los gentiles». Y no podía considerarse propiedad privada para un grupo exclusivo.

Lo que no está bien, debe cambiar

La última semana de la vida de Jesús comenzó, pues, con dos acciones proféticas dramáticas, que no dejaron duda de cuál era su mensaje. Israel debía cambiar. Se estaba inaugurando una nueva era de gracia y salvación para todos, y como el mismo Jesús le dijo a la samaritana, ni siquiera el templo mismo podría monopolizar la adoración de Dios (véase Juan 4:21–24) Las consecuencias no se dejaron esperar. Los dirigentes de Israel prepararon de inmediato un complot que terminaría con la vida de Jesús; pero él no se arredró, ni acobardó. Es así como Jesús se presenta como la clase de líderes que no le temen a la oposición y que, por encima de sus conveniencias personales, se guían por sus convicciones y rigen su conducta por lo que es recto y justo.

Hoy en día escasea esta clase de líderes. Todos se rigen por conveniencias y componendas. Muchas veces se sacrifican los principios para complacer a los poderosos e influyentes: y con frecuencia los que están en puestos de autoridad o dirección claudican ante las presiones de quienes tienen poder e influencia para imponer sus gustos y sus planes, pasando por encima de las reglas acordadas o los principios éticos de decencia y buen gobierno. Es aquí donde se prueba y define la calidad moral del líder o ejecutivo, y nadie mejor que Jesús puede presentarse como ejemplo perfecto de probidad, honorabilidad e integridad.

VIII

Jesucristo, un líder disponible

«Y les aseguro que estaré con ustedes siempe(todos los días), hasta el fin del mundo.»
Mateo 28:20

Disponible para «los suyos»

El Evangelio de Juan nos presenta una doble disponibilidad de Jesús. En primer lugar Jesús se ofrece a su pueblo que Juan identifica como *«los suyos»*: *«Vino a lo que era suyo»* (Juan 1:11). Toda esta primera parte del Evangelio (capítulos 1—12) trata de la manifestación y oferta de Jesús a los judíos. Jesús fue consciente de que su primera obligación era la salvación de su pueblo. Algunas veces defiende esta posición con gestos y frases que aparecen desobligantes y hasta ofensivos; como cuando una mujer pagana cananea de la región de Tiro y Sidón le suplica a gritos que libere a su hija poseída de un demonio. Su respuesta desconcierta por lo directa y aparentemente

falta de sensibilidad: *«No fui enviado sino a las ovejas perdidas de Israel»* —le dice. Sin embargo, la insistencia de
la mujer y su humilde respuesta de fe, desarmaron a Jesús y permitieron *descubrir* que, la misión a Israel, era
prioritaria, pero no exclusiva y que Jesús en realidad estaba disponible para todos. (Véase Mateo 15:21–28.) Esto
se entiende y justifica aún más, cuando vemos el rechazo
que buena parte de su pueblo tuvo por la persona y misión
de Jesús, que Juan presenta sumariamente en el prólogo
de su evangelio, completando la frase: «*Vino a lo que era
suyo, pero, los suyos no lo recibieron»* (Juan 1:11).

Este forcejeo de Jesús por ser aceptado por su pueblo
se prolonga por doce capítulos, en el evangelio de Juan, y
termina en el capítulo 12 con un duro reclamo de Jesús,
que denuncia la incredulidad de los suyos; reclamo que
Juan resume en una afirmación que es casi condenatoria
para su pueblo *incrédulo: «A pesar de haber hecho Jesús
todas estas señales en presencia de ellos* —dice Juan—
todavía no creían en él» (Juan 12:37). Con este pasaje, al
final del capítulo doce del cuarto Evangelio, parece terminar la disponibilidad y oferta prioritaria de Jesús
para su pueblo (véase Juan 12:37–50).

Disponibilidad universal

El tono del Evangelio y del discurso de Jesús cam-
bian radicalmente a partir del capítulo 13. De ahí en
adelante Jesús es el Salvador disponible para todos;
aquel descrito en el prólogo del evangelio como el que, re-
chazado por *«los suyos»*, es recibido por otros que no son
de su pueblo. Estos son *«los que creen en su nombre, a
quienes se da el derecho de ser hijos de Dios»* (Juan 1:12).
Tenemos ahora un Cristo disponible universalmente,
que se identifica a sí mismo como *«la luz que ha venido al
mundo, para que todo el que crea en él no viva en tinieblas»* (Juan 12:46). Esta verdad teológica se convierte en

regla práctica de la conducta del Maestro. A lo largo y ancho del Evangelio descubrimos en realidad a un Cristo disponible; accesible a las multitudes y a los individuos, hasta el cansancio físico. Muchas veces tuvo que retirarse Jesús solo o con su grupo íntimo a la montaña o al mar, para encontrar un rato de reposo, o un tiempo de recogimiento para la oración y la reflexión. Véase por ejemplo el pasaje de Marcos 3:7–12, en el que se nos narra que *«Jesús se retiró al lago con sus discípulos, pero mucha gente de Galilea lo siguió..; y para evitar que lo atropellaran, encargó a sus discípulos que le tuvieran preparada un pequeña barca..»* (Marcos 3:7–10).

Todas las grandes acciones de Jesús, como sus milagros, consejos, mensajes y favores muestran a un líder del pueblo, al alcance de todos, dispuesto a hacer el bien y ayudar a todos ya se tratara de un grupo de leprosos que clamaban ser curados, o una madre que lloraba la pérdida de una hija; un hombre ciego de nacimiento, que quería ver, o una familia de amigos tristes por la muerte de su hermano; un centurión que pedía la curación de su hijo, o una multitud que necesitaba comer. Para Jesús no existían horarios cuando se trataba de servir y de cumplir su misión. A Nicodemo lo recibió a media noche, y a los discípulos los buscó en la madrugada, unos días después de la resurrección cuando, desanimados, regresaban a casa después de una noche de fracaso, en el lago, sin haber podido pescar nada. Reclutó a los doce de su equipo en diferentes lugares y circunstancias, y los reconquistó a todos después de salir del sepulcro, alcanzándolos, cuando huían derrotados, por el camino de Emaús, o se habían escondido en Jerusalén, muertos de miedo de los judíos.

Estar disponibles, como Jesús

Ciertamente es *difícil* seguirle el paso a Jesús. Pero, como líderes, sí podemos sacar de su ejemplo algunas enseñanzas provechosas en cuanto a disponibilidad y accesibilidad. Es evidente que hay que establecer prioridades. Hasta Jesús las tuvo. No es prudente ni sabio extendernos en exceso, ni abrir de tal modo nuestra accesibilidad, que terminemos limitados en nuestra disponibilidad para quienes tienen mayor derecho de nuestra atención, por estar más cerca y compartir con nosotros las responsabilidades. El resultado de una disponibilidad incontrolada y excesiva es que no podremos atender bien ni a unos ni a otros. Como sabiamente dice el adagio popular: «El que mucho abarca poco aprieta».

Con todo, permanece el principio de que el ejecutivo debe ser una persona disponible y accesible, de manera especial para aquellos que de una u otra manera están relacionados con su misión y trabajo, o interesados en la empresa que dirige. No es menos cierto además que como directivos de una empresa, misión u organización debemos abrir campo en nuestro horario para atender situaciones, negocios y problemas que estrictamente no aparecen en nuestra descripción de puesto. El ejecutivo más admirado y aceptado no es ciertamente el legalista, estrecho y egoísta, que no gusta de ser molestado con problemas de sus subalternos; sino el que, sin interferir en las funciones de otros, está alerta para descubrir las situaciones en las que puede aportar soluciones y prestar de alguna manera sus buenos oficios.

Disponibilidad y dedicación a «lo nuestro»

Volviendo a la segunda parte del Evangelio de Juan (capítulos 13—21) descubrimos una especial atención y dedicación de Jesús para los que fueron llamados a formar el círculo más íntimo de sus seguidores. Es a estos a quienes dedica Jesús cuidados especiales, y para quienes reserva el mejor tiempo en su apretada agenda de trabajo. Para ellos está disponible prácticamente a toda hora. La apertura es total y la disponibilidad casi sin límites. Esta apertura y disponibilidad toman diferentes formas: diálogos más íntimos, en los que Jesús abre su corazón con mayor confianza; más enseñanza y menos polémica, que fue lo que caracterizó la primera parte del evangelio. El compartir y la interacción toman ahora el cariz de un intercambio entre amigos; aun las correcciones del Maestro se dan en un tono conciliatorio y amable.

El líder y ejecutivo sabio debe reservar lo mejor de su tiempo y atención para su equipo, porque sabe que el éxito de su empresa depende tanto de sus asociados, como de sí mismo. Ni el mismo Hijo de Dios, con todo su poder, quiso realizar él solo su empresa de salvación. Necesitó de un equipo al que inspiró, preparó y organizó, dedicándole todo el tiempo necesario y todos los cuidados y atenciones posibles. Para conseguirlo, Jesús nos enseñó una cualidad indispensable: una genuina actitud de servicio.

Actitud de servicio

La disponibilidad de Jesús es fruto de una indispensable cualidad del líder auténtico: una permanente y genuina actitud de servicio. Es precisamente el capítulo 13 de Juan, al principio de la segunda parte del Evangelio, el que nos habla de un maravilloso gesto simbólico con el que Cristo quiere imprimir en sus seguidores un nuevo concepto de liderato y mando: se trata del lavatorio de los pies (Juan 13:1–17). Este pasaje revela los profundos secretos de la nueva personalidad de jefe y líder que Cristo quiere inculcar en su seguidores. La autoridad y relevancia del líder no surgen de estar ausente o por encima, inalcanzable, en la cima del poder desde donde lanza sus órdenes y directivas. No; Jesús prefiere colocarse al nivel de sus discípulos, en medio de su vida y experiencia de trabajo; compartiendo sus problemas e inquietudes y aun accediendo a prestarles con humildad y sencillez cualquier servicio que requieran. Todo esto está representado por el elocuente gesto simbólico de lavarles los pies.

Esta acción revela no sólo el altísimo valor y calidad de Jesús como hombre y líder excepcional, sino la inmensa valoración que hace de su seguidores y asociados, en el trabajo y el ministerio. Revela además hasta dónde está dispuesto a llegar Jesús por los suyos. El evangelio dice que *«hasta el fin...»*. Pero a la vez da a Jesús la autoridad suficiente para reclamar lealtad y obediencia de su grupo; aunque algunos, como Pedro, no lo comprendan por el momento (Juan 13:7). De entrada, el gesto de Jesús desconcierta porque en el fondo requiere un reajuste o cambio de mentalidad. Estamos acostumbrados a jefes déspotas, que «no se revuelven con los de abajo», y poco les importa el bienestar de los integrantes de su equipo. Pero nos sorprendemos favorablemente cuando hallamos un jefe, que, a ejemplo de Jesús, se hace parte de su equipo, se entera de las necesidades personales de sus subalternos, muestra simpatía e interés por todos y busca ayudar y servir.

Detrás de este cambio de mentalidad de servicio, que hace a los jefes disponibles, hay un sinnúmero de cualidades y virtudes que hacen diferente la personalidad de un jefe: humildad y sencillez, en lugar de orgullo y prepotencia; generosidad y entrega, en lugar de egoísmo y reserva; modestia y apertura sinceras, en lugar de petulancia pretenciosa y vanidosa; y lo que resume todas estas cualidades y es la fuente real de esta nueva actitud de servicio y disponibilidad de parte del Jefe: amor y cariño genuinos por los demás. Como dice el Evangelista, al introducir el pasaje del que estamos hablando: *«Jesús sabía que le había llegado la hora de abandonar este mundo para volver al Padre. Y habiendo amado a los suyos que estaban en el mundo, los amó hasta el fin»* (Juan 13:1). Es mucho más fácil trabajar con un grupo de allegados o subalternos, formar equipo con ellos, impartirles órdenes, discutir problemas y proyectos, compartir responsabilidades o simplemente convivir como grupo, si existe simpatía, cariño, amistad y, por qué no, amor entre todos. Y tanto mejor, si este cariño, simpatía y amor vienen primero de arriba, de los directivos y líderes, y se difunden a través del ejemplo del jefe.

IX

Actitud positiva

«Yo les he dicho estas cosas para que en mí hallen paz. En este mundo afrontarán aflicciones, pero ¡anímense! Yo he vencido al mundo»

Juan 16:33

Jesús poseía una mente positiva

Todo lo que Jesús dijo de sí mismo fue positivo. Cuando se describió a sí mismo, usó siempre palabras hermosas, delicadas, dulces y poderosas. Se apropió de expresiones inspiradoras del Antiguo Testamento para describirse a sí mismo y describir su misión. Basta el ejemplo de su presentación en la sinagoga de Nazaret que nos trascribe Lucas 4:14–30, donde tomó las palabras del profeta Isaías como carta de identificación y de presentación:

El Espíritu del Señor está sobre mí, por cuanto me ha ungido para anunciar buenas nuevas a los pobres. Me ha enviado para proclamar libertad a los

presos y dar vista a los ciegos, a poner en libertad a
los oprimidos, para proclamar el año del favor del
Señor.

Pero su actitud positiva se extendió a los demás y a
su causa. Fue irremediablemente optimista con relación
a sus asociados y acerca del triunfo de su causa. La oposición, el aparente fracaso, la tozudez y dureza de corazón de algunos de sus discípulos no fueron suficientes
para desanimarlo o cambiar su actitud positiva. Fue
esta clase de actitud la que le permitió reagrupar y reorganizar su equipo de seguidores desanimados y dispersos, después de la experiencia del Calvario. Los buscó
dondequiera que estaban: frente a su tumba vacía, en el
camino de Emaús, en el lago de Tiberíades, en las casas
y en otros lugares de reunión. Convenció a algunos es-
cépticos como Tomás, reafirmó a algunos vacilantes,
como Pedro y creó un renovado espíritu de fe y esperanza comunitaria en el cumplimiento de sus promesas,
que comenzarían a hacerse realidad con la llegada del
Espíritu Santo.

El secreto del éxito del buen ejecutivo es aprender a
pensar positivamente en primer lugar de sí mismo y luego de los demás. Un líder no puede permitirse el lujo de
denigrar o maldecir de sí mismo, de sus asociados o de su
empresa o trabajo; ni siquiera de su competencia. Esta
clase de actitud, además de ser destructiva, se vuelve
contra él mismo, interfiriendo negativamente en su liderato. Un refrán popular dice: «Las maldiciones que pro-
ferimos se volverán contra nosotros y nos envolverán
como una camisa de fuerza». Nuestras palabras terminan por ser el manto o vestido que nos cubre y engalana
delante de todos. Nuestras palabras y actitudes pueden
revestirnos de hermosos colores de optimismo, esperanza e inspiradora confianza, o hacernos aparecer cu-
biertos con los opacos crespones del negativismo y la

derrota. Cada quien tiene su propio guardarropa ¿Cómo es el nuestro? ¿Nutres cada día tu mente y corazón con expresiones y pensamientos puros, positivos, y hermosos, o son las palabras de crítica, confrontación y derrotismo las que embargan tu ánimo y nutren tu conversación? Jesús nos dio el ejemplo. Ni aun en el momento supremo de su partida, cuando se avecinaba su prueba definitiva, se permitió palabras o actitudes derrotistas; por el contrario, se despidió de sus discípulos animándolos y creándoles nuevas esperanzas: *«Yo les he dicho estas cosas —les dice— para que en mí hallen paz. En este mundo afrontarán aflicciones, pero ¡anímense! Yo he vencido al mundo»* (Juan 16:33).

«Enemigos», «opositores» y «competidores»

Una prueba de fuego para el directivo o ejecutivo es cuando le surge oposición o competencia. Jesús no estuvo exento de esta circunstancia; por el contrario, surgieron muchas personas y movimientos que contrastaron su liderato y se declararon sus enemigos. Sabía que lo mismo ocurriría con sus discípulos y con el movimiento que estaba fundando, y así se los advirtió a sus seguidores: *«Tengan cuidado con la gente; los entregarán a los tribunales y los azotarán en las sinagogas. Por mi causa los llevarán ante los gobernadores y reyes para dar testimonio a ellos y a los gentiles»* (Mateo 10:17–18). Esta podrá ser lo que llamaríamos la competencia violenta y desleal. Pero el ejecutivo y líder encontrará en el camino de su liderato y dirección otras clases de competencias y oposiciones, dentro y fuera de su empresa. Especialmente en el mundo del mercado la oposición y competencia se ve como válida y natural. El directivo debe pensar que frente a su empresa hay otros que quieren ganarse a nuestros clientes, o prevalecer sobre nuestra empresa. Parece mentira, pero esta clase de competencia se da

inclusive en el mundo cristiano del ministerio y de la
iglesia. La competencia por ganar miembros o patroci-
nadores robándolos muchas veces de otras congregaciones, comunidades u organizaciones es algo no fuera de
lo común. El éxito del directivo o ejecutivo puede depender muchas veces de cómo confronta la competencia.
Los manuales de administración están de acuerdo con
Jesús de que es mejor tomar una actitud positiva y re-
ceptiva para con los que pudieran ser «nuestros enemigos o competidores». El ataque negativo no produce
ciertamente los mejores frutos. Cristo lo enseñó así; y lo
puso en práctica.

Actitud positiva frente a la competencia

Jesús fue hombre de paz. Se ponía enérgico sólo
cuando lo obligaban, especialmente cuando tenía que defender la justicia y la verdad. De lo contrario sus palabras y actitudes fueron pacíficas. Entre los muchos
movimientos religioso-políticos que surgieron en la Palestina del siglo primero, el de Jesús podrá reconocerse
como un movimiento de paz. Aunque nunca dejó dudas
de su persona y misión, y no se negó a responder y de-
nunciar a quienes injusta o arteramente lo atacaron,
nunca se buscó confrontaciones inútiles o innecesarias, y
mostró cuantas veces pudo una actitud conciliadora,
aun con sus más encarnizados enemigos y opositores. En
sus encuentros verbales con fariseos y doctores de la ley,
salió vencedor por la fuerza de su palabra iluminada, sin
nunca llegar a los hechos. Y aun para sus enemigos y
«competidores» tuvo los brazos extendidos, hasta llegar
a aconsejar a su discípulos que debían amarlos:

> *Ustedes han oído que se dijo: Ama a tu prójimo y
> odia a tu enemigo.*
> *Pero yo les digo: Amen a sus enemigos y oren por*

quienes los persiguen, para que sean hijos de su Pa-
dre que está en el cielo.

Mateo 6:43–45

La expresión *«ama a tu prójimo»* viene del código de
santidad muchas veces repetido en el Antiguo Testamento, que identifica como «prójimos» a los compatrio-
tas israelitas. En este contexto, lo contrario a «prójimo»
es claramente los no-israelitas; de modo que «amar a los
enemigos» significa «a los enemigos no-israelitas», incluyendo a los gentiles invasores, y paganos que oprimían
al pueblo y practicaban una religión opuesta a la judía.

Otras muchas frases de Jesús muestran su ánimo
positivo, que huye de la confrontación, cuando no es necesario, y está listo a seguir la corriente de quienes com-
piten en el terreno político o religioso, si esto no significa
claudicar de sus principios, o quebrantar la ley de Dios.
Este es el sentido de expresiones como:

*Ustedes han oído que se dijo: Ojo por ojo y diente
por diente. Pero yo les digo: No resistan a los que les
hagan mal. Si alguien les da una bofetada en la meji-
lla derecha, vuélvanle también la otra. Si alguien te
pone pleito para quitarte la capa, déjale también la
camisa. Si alguien te obliga a llevarle la carga un ki-
lómetro, llévasela dos. Al que te pida dale; y al que
quiera tomar de ti prestado, no le vuelvas la espalda.*

Mateo 6:38-42

No crearse competencia innecesaria

No se trata de debilidad de carácter, como algunos
puedan pensar, sino de no crear competencias innecesarias, ni oponer resistencias inútiles, que no llevan a ninguna parte y acarrean más problemas. Algunas de estas
exigencias estaban consagradas en los códigos y costumbres de la época, como la del derecho que se le daba a
todo soldado romano de exigir a los civiles a ayudarle con

su carga, al menos por una milla. No hacerlo así era poco
sabio, pues era buscarse problemas innecesarios. Por el
contrario ayudarle al soldado no una sino dos millas con
la carga, significaba un poco más de esfuerzo, que repor-
taba agradecimiento y simpatía. De ahí el consejo del
Maestro: «*Si alguno te obliga a llevarle la carga un kiló-
metro, llévasela dos*» (Mateo 5:41).

En el trasfondo de todos estos gestos estaba la filosofía del Maestro y su nueva religión que considera «*biena-
venturados o felices a los que promueven la paz*» y la
comprensión entre los hombres (Mateo 5:9). Estos tales
mostraban que habían entrado al círculo privilegiado de
los «hijos de Dios»; es decir, los que se rigen en su actitud
y conducta por los valores superiores que caracterizan al
mismo Dios; a saber: una serena sabiduría, y una y paciente y generosa magnanimidad. Algo de esto contiene
la enseñanza del Maestro, cuando invita a sus discípulos
a aprender de él que es «*apacible y humilde de corazón*»,
como único medio de «*encontrar descanso para sus almas*» (Mateo 11:29), porque, según una muy antigua bie-
naventuranza, registrada en los dos Testamentos, sólo
«*los mansos y humildes heredarán la tierra como herencia*» (Salmo 37:11; Mateo 5:5). En términos mundanos
podría interpretarse: «Si no puedes vencer a tu contrin-
cante, oponiendo fuerza y resistencia, condesciende y gá-
natelo, deponiendo tu orgullo y colaborando con él». O
como se dice en términos mercadotécnicos : «Si no puedes superar la competencia, únete a ella». Ciertamente
una excelente regla para los ejecutivos y empresarios
modernos.

Estrategia de paz

Jesús dio otras muestras de su estrategia de paz, con
expresiones que manifiestan las consecuencias de esti-
los de vida, que él no aconseja a sus seguidores, como

cuando reprendió a Pedro por su agresividad ante la turba que salió a apresarlo en Getsemaní: *«Guarda tu espada* —le dijo Jesús— *porque los que a hierro matan, a hierro mueren»* (Mateo 26:32). Otras versiones traducen más literalmente: *«El que vive por la espada, perece por la espada».* Este dicho de tradición semita se encuentra sólo en Mateo. Una versión diferente la encontramos en el Apocalipsis 13:10: *«el que debe morir a espada, a filo de espada morirá»;* lo que sugiere que el dicho o proverbio se había extendido por la cristiandad primitiva. De todos modos es evidente que para Jesús y su evangelio las vías de hecho y el ataque ciego e indiscriminado no son el camino más aconsejable. Viendo la actitud de Jesús y escuchando sus enseñanzas vemos que en muchos aspectos su estrategia y acercamiento realizan plenamente el consejo de la sabiduría popular, de que se consigue más con una gota de miel que con un barril de hiel. Y que es más fácil ganarnos a los competidores y a quienes se identifican como nuestros enemigos, con actitudes y gestos de gentileza y atención, que con acciones arrogantes y hostiles.

Imponernos por nuestra calidad y la calidad de nuestro producto

Jesús se impuso por dos calidades: la calidad de su persona, y la del producto que ofrecía: «salvación». Por eso sus métodos de «venta» o «mercadeo» fueron de persuasión, más que de confrontación; y esto aun en los casos en los que podría aparecer «confrontacional». Muchos interpretan la entrada de Jesús a Jerusalén, no como un acto de desafío a sus enemigos, sino como un último gesto conciliador de apelación a su pueblo y a sus líderes, para que reconocieran en él, al enviado del Señor que llegaba a cumplir las esperadas promesas mesiánicas. De hecho, Jesús se identificó con la línea de voces proféticas

enviadas por su Padre desde el Antiguo Testamento a
reunir los habitantes de la ciudad santa, como *«reúne la
gallina a sus polluelos debajo de sus alas»* (Lucas 13:34).
Jesús se identifica pues como otro de los enviados a Jerusalén, en son de paz, no de guerra, en un gesto de buena voluntad, que busca incluir no excluir, unir no divi-
dir, recoger, no dispersar. Y lo hace precisamente en la
época del año cuando la ciudad estaba llena de judíos pe-
regrinos, y su pueblo está más ampliamente representado por personas de todas las extracciones sociales, que
llegaban de los cuatro puntos cardinales del país. Su llamamiento es de redención y cambio; sólo deben reconocer-
cer en ese Nazareno de rostro apacible y mirada dulce y
compasiva al enviado de lo alto. No llega pues, en son de
guerra, sino de paz, no a imponerse, sino a ofrecerse. Por
eso hace su entrada a la ciudad santa en la forma más
sencilla, humilde y pacífica posible, montado en un borrico. Se trata de un Mesías de quien nadie debe temer
nada. La sencillez de sus arreos y la simplicidad de su
séquito, un puñado de humildes pescadores y campesi-
nos galileos, y unas cuantas mujeres de pueblo, hacen
pensar más en un pacífico profeta provinciano, que en
un rey-Mesías arrogante y agresivo. Llega en son de paz,
no de guerra. Y el pueblo así lo reconoce, aclamándolo
como el *«bendito, hijo de David, que viene en el nombre
del Señor»*; y se hacen eco del cántico entonado por los
ángeles, cuando por primera vez apareció en la tierra:
«¡Paz en el cielo y gloria en las alturas!» (Lucas 19:38).
Esta actitud pacífica del Maestro debió desconcertar a
sus gratuitos enemigos, que observaban descorazonados
cómo Jesús se ganaba el corazón del pueblo. Desgraciadamente, para su perdición, no supieron comprender el
gesto profético de Cristo, y sólo atinaron a responder, reclamando a Jesús que *«reprendiera a sus entusiasmados
discípulos»*; para recibir la tajante respuesta del Maes-

tro: *«Les aseguro que si ellos se callan, gritarán las piedras»* (Lucas 19:39–40).

X

Jesús, el estratega

«Vengan, síganme y los haré
pescadores de hombres.»

Mateo 4:19

«Ya no los llamo siervos, porque el siervo no está
al tanto de lo que hace su amo, los he llamado
amigos, porque todo lo que a mi Padre
le oí decir se lo he dado a conocer a ustedes.»

Juan 15:15

Jesús conoce las cosas por dentro

Jesús no es un sabio que busca, en meditación intensa, la verdad perdurable y eterna de los mortales. Esta ya la sabe de sobra. Tampoco es el contemplativo que se pierde en el laberinto de las especulaciones de los secretos más íntimos de la naturaleza. Él ya los conoce, como que participó en su creación, según nos lo dice Juan en el prólogo de su Evangelio: *«En el principio ya existía el Verbo ... Él estaba con Dios en el principio. Por medio de él todas las cosas fueron creadas»* (Juan 1:1–3). Jesús no mira las cosas desde fuera, las penetra, descubre su esencia, la realidad intrínseca de su ser. Y con esto, comienza a establecer las bases de su estrategia. Hay que conocer por dentro los problemas y las personas. Hay que penetrar sus intenciones, y conocer su carácter y naturaleza para poder comprender su manera de obrar. Por eso Jesús no quiso mirar la historia y la raza humana desde fuera, sino que se hizo parte de las dos y de esta manera ha podido influir en ambas, transformando al hombre y a la historia.

Aunque en una escala infinitamente más inferior, el buen ejecutivo debería imitar a Cristo en aquello de introducirse por dentro en la marcha de su empresa; no dirigirla desde afuera, sin involucrarse vitalmente en la vida de la misma. Como en el caso de la empresa redentora de Jesús, toda buena dirección y administración debe ser «encarnacional».

En los Evangelios, descubrimos a Jesús como el profeta, llegado de lo alto; como el Emanuel (*«Dios con nosotros»*), que se hace hombre con los hombres, habla su lengua para anunciar la Palabra de su Padre, y actualiza su presencia, en actitud de compromiso en medio de la historia.

Trabajar en el presente con miras al futuro

Por otra parte, Jesús trabaja en el presente con los presupuestos del futuro. Sus planes no se limitan a lo que tiene frente a sus ojos, sino que mantiene una dinámica proyección hacia el futuro. Cristo conoce de antemano los planes de su empresa redentora trazados por su Padre. No parte pues de la ignorancia; pero además, en su estrategia de trabajo, tienen cabida las proyecciones animadas por la esperanza. Jesús sabe que su empresa tendrá muchos contratiempos, pero está seguro, desde el inicio de su misión, de que a la larga triunfará. Tiene la

absoluta convicción de que su empresa no puede fracasar. El ejecutivo que no inicia su trabajo en el presente,
con una gran dosis de esperanza en el futuro de su empresa, está, desde el principio, condenado al fracaso.

El Apocalipsis, último libro de la Biblia, nos habla
del triunfo definitivo de la empresa del Reino de Dios,
emprendida por Jesucristo. Su autor, un tal Juan, describe con escalofriantes detalles la lucha de la iglesia
contra los enemigos del Reino por salir adelante en el
cumplimiento de la gran comisión que le encomendó su
fundador. El mensaje final del Apocalipsis es: Cristo
triunfará y los planes de Dios saldrán adelante, no importa la feroz oposición de sus enemigos. El Apocalipsis
es un libro de esperanza que asegura, a los que están in-
volucrados en la empresa de la extensión del evangelio,
el triunfo, en tiempos de persecución y pruebas, cuando
parecería que la misión que les habían encomendado
podría fracasar. La esperanza, que da seguridad en el
futuro, incluso cuando este todavía no se ha realizado,
es parte de la estrategia de Jesús, por el claro conocimiento que tiene de las proyecciones de su obra. Como
afirma Xavier Pikaza, en su obra *«La Figura de Jesús»*:

> El conocimiento de Jesús de su misión se expre-
> sa no sólo en hechos presentes, sino en forma de es-
> peranza. Sabe en la medida en que aguarda y
> anticipa la llegada del futuro. Su conocimiento es, a
> la vez, un gesto activo; sabe que, en la medida en
> que pone su persona al servicio del futuro de Dios,
> éste está asegurado; por eso dice Hebreos 5:8 que
> «ha aprendido obedeciendo», por su compromiso vi-
> tal en la realización de su misión y en una apertura
> absoluta hacia la realización plena del Reino.

Un estratega que apuesta al triunfo

Toda la vida de Jesús es una especie de apuesta: ha apostado en favor del reino de Dios y en su espera se mantiene firme hasta la muerte. Por eso interpretamos a Jesús como estratega: es un técnico en asuntos del reino de los cielos, un hombre que ha sabido situarse y actuar como *arkhegos* (Hebreo 12:2); un «pionero», «explorador» que asume los triunfos y fracasos de la historia tortuosa que iniciaron sus antepasados, los judíos, y se compromete con decisión y valentía en la plena realización del proyecto de salvación que le ha encomendado su Padre. Superando las dificultades del camino emprende la marcha hacia el futuro escatológico o definitivo de su empresa. Lo acompaña la confianza de la asistencia de su Padre, que asegura y anticipa el logro total de los objetivos eternos de su misión. Pero Jesús no deja nada al azar, y en este sentido decimos que es un estratega. Programa y prepara los diferentes momentos del camino, sopesando las dificultades y midiendo las fuerzas de los caminantes. De esta manera asegura la llegada a la meta.

La estrategia de Jesús es aleccionadora para todo el que se coloca al frente de cualquier empresa o proyecto: en primer lugar, nos enseña que se debe estudiar detenidamente el pasado, empaparse de la historia de la empresa o proyecto, para no repetir los errores, enmendar las equivocaciones y completar las realizaciones proyectadas; luego, debe imponerse a los desafíos y dificultades del presente, para realizar a plenitud los planes y metas de la empresa; y por último, debe proyectar las realizaciones del futuro, a través de objetivos y metas claras y realistas.

Los tres actores del plan estratégico de Jesús

Tres grandes actores participan en el plan estratégico de Cristo: Jesús mismo, los hombres y Dios. Jesús, como quien encarna la visión mesiánica del reino, organiza el equipo y los elementos que integran el proyecto; los hombres y mujeres que participan en su realización; los que secundan su acción; y los que se benefician del mismo, aceptando o rechazando su mensaje. Finalmente, como actor principal, Dios el Padre, cuyos planes y voluntad deben cumplirse y en quien toda la acción salvadora debe culminar.

Este esquema nos enseña cosas tan elementales como que el buen ejecutivo debe tener bien claro su propio papel en la proyección y realización de su proyecto o empresa; en segundo lugar, debe identificar el contorno humano que lo rodea: las personas que serán sus asociados en la realización de su proyecto, y las que son el objetivo del mismo, como público que se beneficiará de sus servicios o productos; aquellos que deben convencerse de la bondad o utilidad de lo que produce y ofrece su empresa. Y por último, el ejecutivo debe estar consciente de las voluntades superiores que lo colocaron en la posición que ocupa, y que, en último término, serán los que definen el destino final de la empresa.

Veamos brevemente cómo funcionan, en el caso de Jesús, estos tres actores protagónicos de su empresa o misión. Descifrando su papel e importancia en la gran empresa divina de la salvación del mundo, podemos aprender lecciones provechosas para la conducción de nuestras propias empresas humanas, de mucho menor trascendencia y de alcance ciertamente mucho más limitado.

Primer actor: Jesús

El Maestro es bien consciente de su función y compromiso, como director de la empresa. Asume, desde su inserción en la misma, sus responsabilidades a plena capacidad. La estrategia de Jesús se identifica con su propia entrega por el reino, por la misión, por la empresa, como de manera ejemplar lo presenta la carta a los Hebreos: Jesús es el *pródromos, «el que va adelante»*, el que corre al frente, a la cabeza de sus seguidores; señala el camino con sus pasos, para que podamos seguirlo sin tropiezo (Hebreos 6:20).

Por otra parte, Jesús es el inspirador de mirada profunda que anima a los suyos en el presente, con la visión del futuro. Esta experiencia del futuro es como un don de vida que se vuelve presente y se comienza a disfrutar aquí y ahora, por todos los que se incorporan a su plan de salvación. Por eso, Jesús formula sus promesas casi siempre en tiempo presente:

> *El que cree en mí —clamó Jesús con voz fuerte—, cree no sólo en mí sino en el que me envió. Y el que me ve a mí, ve al que me envió. Yo soy la luz que ha venido al mundo, para que todo el que crea en mí no viva en tinieblas.*
>
> Juan 12:44–46

Esta experiencia del futuro que se vuelve presente, anima y sustenta toda la enseñanza de Jesús. En un determinado plano, Jesús es como Sócrates: enseña de manera «democrática», en la plaza del pueblo, o al aire libre; en cualquier lugar donde haya alguien que lo escuche. No forma ninguna escuela especial para una elite de personas cultas. Aunque busca por todos los medios descubrir y usar los recursos ya existentes en el interior de sus seguidores, para aplicarlos creativamente en la solución de los problemas, ataca él mismo, cuando es necesario, los problemas, dando respuestas inmediatas a los mismos: cura enfermos, siembra inquietudes, responde preguntas, y anuncia el cumplimiento de las promesas del Reino. Su enseñanza apunta a concientizar a sus seguidores de los valores presentes y futuros de su Reino, que describe como un reino de amor, paz y salvación para todos. Además, fue él quien subió a la cruz y respaldó con el sacrificio de su vida todas sus enseñanzas.

Rodeado de los cojos, mancos, ciego y enfermos; mezclado entre los pobres, oprimidos y despreciados de su pueblo, como los publicanos y las prostitutas, Jesús traza un nuevo camino de perdón, regeneración y esperanza. Un camino que se va iluminando de su luz, a medida que los hombres lo recorren. Jesús revive la esperanza de los profetas, en la victoria definitiva de Dios sobre el pecado y la muerte. Así lo anuncia y lo vive, con aquellos que aceptan su palabra. Con ellos sube a Jerusalén para respaldar su ministerio y enseñanza con el sacrificio supremo de su vida; para luego sellar su misión en esta tierra saliendo triunfante del sepulcro.

Los segundos actores: los hombres

A la luz de Marcos 4:26–29, Jesús actúa de una forma peculiar: deja la decisión final sobre su obra, en manos de su Padre. Pero el cumplimiento de su misión está igualmente vinculado a la respuesta de los hombres, como lo prueba la historia de Israel y como el mismo Jesús lo ilustra en la parábola de la siembra (Marcos 4:3–9). Para decirlo de manera más concreta, la suerte de Jesús y de su obra se encuentra vinculada a la respuesta de tres grupos de personas: la muchedumbre que lo escucha, los discípulos que lo siguen, las autoridades que lo vigilan. Si estudiamos de cerca la conducta de Jesús, descubrimos que de una u otra manera Jesús se traza una estrategia para tratar a cada uno de estos grupos. Ocurre lo mismo en la vida y trabajo de todo líder o directivo. Varias clases de personas lo rodean, interpretan sus decisiones y acciones, contribuyen al éxito o fracaso de sus planes. El directivo o ejecutivo inteligente debe primero, como lo hizo Jesús, conocer bien a cada uno de ellos; descubrir sus motivos e intenciones; anticipar sus reacciones; ganarse a los que pueda para su causa; prevenirse contra los que no simpatizan con la misma, y trabajar con los que están dispuestos a colaborar.

El mensaje y estrategia de Jesús están ligados a la respuesta de la gente. Recordemos que Jesús no es un idealista utópico que busca la verdad en solitario, ni un místico iluso que vive aislado de la gente. Quiere actuar como el Mesías enviado a los hombres, y la respuesta de los hombres forma parte de su misma estrategia del Reino. Esta estrategia de Jesús viene marcada por la tradición de Israel: los profetas salen del pueblo y viven y profetizan para el pueblo. Su vocación se halla fundada en ese pueblo y debe interpretarse como servicio a su gente. En este trasfondo debe entenderse la conducta de Jesús como enviado mesiánico que ofrece su mensaje y abre su vida a *«las ovejas perdidas de Israel»* (Mateo 15:25). Pues bien, «esas ovejas» le responden con una actitud doble, de seguimiento o rechazo, de aceptación o condena.

Ciertamente, Jesús no se comporta como un líder populista. Su mensaje viene de Dios y no se justifica o hace más verídico por la acogida o rechazo de las muchedumbres.

Sin embargo, ese mensaje es evaluado y recibe solidez a través de la respuesta que le ofrecen los hombres y mujeres de su pueblo y de la acogida que centenares de millones de seres humanos le han dado a través de veinte siglos de historia. El mismo Cristo, a pesar de considerarse irrefutablemente como el enviado de Dios, no rehúsa poner su vida y su muerte, en manos de su pueblo.

El tercer actor en la estrategia de Jesús: Dios

Es evidente que Jesús cree en Dios y confía en sus designios. Esta fe revalúa su humanidad y valoriza su misión en medio de los hombres, pues le sirve para reclamar la asistencia del Padre en su formidable empresa de salvación, en la cual el amor y el perdón del Padre son ingredientes vitales indispensables. Gran parte de su misión consiste en proclamar ese amor y perdón del Padre, conseguido a costa del sacrificio de su propia vida. Al expirar en el madero, no se despide del todo de este mundo, ni entrega su espíritu al Padre, para olvidarse de los hombres. Muere pidiendo el perdón aun para sus enemigos y reclamando la presencia del Padre en la parte que sigue en los planes de la construcción de su reino. Por eso resucita: para dejar completa la proyección de su iglesia, como concreción del reino de Dios en la tierra.

Si el Dios de Jesús existe, no puede responderle recibiéndolo sencillamente en su regazo eterno, después de su muerte. Dios existe, y responde a su Hijo Jesucristo, sacándolo del sepulcro para que culmine en la tierra la obra para la que lo envió: la formación de un nuevo pueblo a través del cual continuará ofreciendo salvación para todos. Llegamos de esta forma al mismo centro de la historia, al lugar donde la muerte se convierte en vida, y en llamamiento e invitación a la vida para todo el que quiera creerlo y aceptarlo. Y Jesús, seguro de la respuesta, llama a Dios para que venga a avalar su vida y muerte, su palabra y mensaje, y toda su obra de redención. Jesús cree en su Padre. Acude de continuo a él como última instancia. Pide su asistencia y colaboración en la realización del proyecto de salvación que el mismo Padre le ha encomendado. Respeta su voluntad y se reviste de su sabiduría y poder.

Ninguna acción ejecutiva es completa, sólida y estable, sin la participación de las instancias del poder, a niveles superiores. Y mejor para el ejecutivo, si cuenta de principio a fin con el respaldo y la colaboración de los que son dueños de la empresa o tienen autoridad para avalar sus decisiones.

Terminemos con esta reflexión, ciertamente de marcado sabor bíblico-teológico, que cada quien puede aplicar a su propia situación, en el plano humano de su vocación y sus responsabilidades de dirección y liderato:

Jesús es hombre desde el reino y para el reino: vive del futuro de Dios como enviado o Mesías, portador y mensajero de su gracia y amor. Su obra en la tierra trae el signo de la plenitud escatológica, como una nueva realidad de esperanza eterna para los hombres.

Al mismo tiempo podemos afirmar que *Jesús es hombre para los hombres; pero hombre de Dios y desde Dios:* Aunque se hace hombre para habitar entre los hombres, sigue viviendo allí donde Dios vive. Es desde allí donde continúa actuando, revelándonos los secretos de la voluntad del Padre. Al separarse de este mundo y ascender resucitado a la gloria, de alguna manera se queda con los hombres. Aunque está con el Padre, sigue estando con nosotros, pues su obra pertenece por partida doble a Dios y a la humanidad, de la cual se ha hecho para siempre su representante y apoderado.

El sabio ejecutivo debe aprender de Jesús que su empresa no le pertenece en exclusividad; y que el éxito del trabajo está comprometido en su habilidad para combinar las fuerzas vivas que lo integran a todos los niveles. Desde los jefes superiores, llámense juntas directivas, presidentes, vicepresidentes, gerentes o supervisores, hasta los clientes o beneficiarios de los servicios y productos que la empresa ofrece; pasando por supuesto por el equipo de profesionales, empleados y obreros, cuya voluntad y colaboración son vitales para el éxito de la empresa. Y por supuesto, es clave en la empresa y el trabajo del directivo o ejecutivo mismo, de quien se espera no sólo un claro conocimiento de sus responsabilidades y de los objetivos y metas de la empresa, sino entrega, dedicación y hasta sacrificio por la causa que representa.

XI

Un líder ecuánime

*«Denle al césar lo que es del césar
y a Dios lo que es de Dios.»*
Mateo 22:21

Objetividad e imparcialidad

En un mundo plagado de prejuicios y discriminaciones, Jesús ejerció un liderato ecuánime de total objetividad e imparcialidad. El diccionario de la Real Academia de la Lengua define ecuanimidad como «igualdad y constancia de ánimo», «imparcialidad de juicio». Estas son cualidades importantes para quienes ejercen funciones directivas y deben orientar, juzgar y supervisar el trabajo de otros.

Jesús practicó estas virtudes de manera notable . Lo contrario a la ecuanimidad es la parcialidad que es hija legítima de los prejuicios. El medio palestino, en el que vivió Jesús, y en el que le tocó ejercer sus funciones como líder y director de un equipo de operarios se regía por toda clase de prejuicios, frutos de las divisiones de clases y de las discriminaciones étnicas, raciales, de sexo y condición social. Hay quienes se creían dueños de todos los derechos y virtudes, como los fariseos; y miraban a los demás con absoluto desprecio. Cristo combatió abiertamente esta actitud; y nos dejó en la parábola del publicano y el fariseo su opinión al respecto (véase Lucas 18:9–14).

Hay en esta narración un delicioso contraste de personajes, ambos evidentemente religiosos, cumplidores de la ley, creyentes y piadosos. Sólo Jesús, con su aguda perspicacia y criterio certero y equilibrado pudo descubrir la diferencia entre los dos protagonistas de su historia. En términos de valoración social y ética, el fariseo y el recaudador de impuestos (publicano) representan los dos polos de las clases socio-religiosas y políticas de Israel; y encarnan a la maravilla los prejuicios de una sociedad que, como la nuestra, divide a la gente en clases. El evangelista lo advierte así, al comenzar su narración, descubriéndonos de paso la motivación que movía a Jesús al presentar su parábola:

> *A algunos que, confiando en sí mismos, se creían justos y que despreciaban a los demás, Jesús les contó esta parábola.*

Lucas 18:9

Resulta que el fariseo tenía a su favor la opinión de sus coterráneos, pues ocupaba un puesto de importancia y prestigio en la sociedad clasista de Israel. Y poseía además un exagerado concepto de sí mismo, que siente la obligación de recordárselo a Dios, en su oración:

> *Oh Dios, te doy gracias porque no soy como otros hombres —ladrones, malhechores, adúlteros— ni mucho menos como ese recaudador de impuestos* [publicano]. *Ayuno dos veces a la semana y doy la décima parte de todo lo que recibo.*

Lucas 18:11–12

Lo contrario ocurre con el publicano, recaudador de impuestos. En la escala social estaba en las categorías inferiores; y mucho más abajo en cuanto a la estima de la gente. Se trataba de los «vendidos» al imperio romano, en nombre del cual recaudaban los impuestos, recibiendo una buena tajada de participación, que ellos se encargaban de aumentar, extorsionando a los contribuyentes. Eran abiertamente odiados y rechazados en la sociedad israelita que los consideraba «pecadores» de la peor laya. Parece que ellos mismos —al menos es el caso del publicano de la parábola— eran conscientes de su baja calidad moral y social. El recaudador de impuestos de la historia lo manifiesta así en su oración y en el gesto de *«quedarse a cierta distancia, y no atreverse siquiera a alzar la vista al cielo. Se daba golpes de pecho y decía: ¡Oh Dios, ten compasión de mí, que soy pecador»* (Lucas 18:13).

Pero la parte más importante de la parábola, y la que más nos interesa para el propósito de nuestro artículo, es la conclusión que saca Jesús, como enseñanza pedagógica, que de paso nos revela su actitud frente a las divisiones de clases, mitos socio-religiosos, prejuicios piadosos, y falsas apariencias e hipocresías, que descubrimos hoy en nuestra sociedad tan vivas e influyentes, como lo eran en los tiempos de Cristo. En este mar de posiciones y criterios parcializados humanos y sociales, campea el criterio sereno y objetivo de Jesucristo, que debió lucir muy raro y extraño para sus coterráneos, en su tiempo:

Les digo —concluyó Jesús— *que éste* [el publicano], *y no aquel* [el fariseo], *volvió a su casa justificado ante Dios. Pues todo el que a sí mismo se enaltece será humillado, y el que se humilla será enaltecido.*

Lucas 18:14

Ecuanimidad, fruto de una mente liberada

La ecuanimidad es fruto de una mente y corazón liberados de prejuicios. Una mente y corazón liberados producen actitudes y acciones ecuánimes que en último término resultan liberadoras. El líder, gerente, director o supervisor «liberado» crea a su rededor una atmósfera de seguridad, libertad y tranquilidad que favorece el cumplimiento de los deberes y funciones de todos los asociados o participantes en la empresa u organización. Por el contrario, el directivo no ecuánime, que actúa con discriminación, sin objetividad e imparcialidad, crea en su grupo un ambiente de recelo, temor y desasosiego que termina dañando la moral de los subalternos e interfiriendo en el progreso de la empresa y en el cumplimiento de sus objetivos. Conseguir esta ecuanimidad e independencia de criterio no es fácil. En la parábola de Jesús podemos descubrir algunas orientaciones valiosas para conseguirlo:

1. En primer lugar: *No dejarnos arrastrar por los prejuicios.* Juzgarlo todo por nosotros mismos, en base a hechos y personas concretas, individuales; y no traer a la gerencia una carga de preconcepciones o prejuicios adquiridos en el medio socio-religioso y político en el que nos movemos.

2. *No regirse por apariencias, en el juzgar y actuar.* Hay que ir al fondo de las cosas; descubrir, como lo hizo Jesús, las intenciones y motivos de las personas: qué hay detrás de sus acciones y actitudes. Si sus errores son simples equivocaciones, frutos de la ignorancia o desinformación; o son fruto de una actitud interna de rebeldía o malicia.

3. *Aplicar la ley y el reglamento con ecuanimidad, sin preferencias o discriminaciones.* Y buscar más bien el es-

píritu de la ley y no su letra. A este respecto Pablo da un consejo sabio y práctico:

> *Ustedes mismos —dice el apóstol— son nuestra carta, escrita en nuestro corazón, conocida y leída por todos. Es evidente que ustedes son una carta de Cristo expedida por nosotros, escrita no con tinta sino con el Espíritu del Dios viviente; no en tablas de piedra sino en tablas de carne, en los corazones. Esta es la confianza que delante de Dios tenemos por medio de Cristo. No es que nos consideremos competentes en nosotros mismos. Nuestra capacidad viene de Dios. Él nos ha capacitado para ser servidores de un nuevo pacto, no el de la letra sino el del Espíritu; porque la letra mata, pero el Espíritu da vida.*
>
> 2 Corintios 3:2–6

Líderes justos y seguros

Con Jesús nadie se sentía amenazado y mucho menos discriminado. Como es natural, Jesús tenía sus amigos con quienes cultivaba relaciones de mayor cercanía e intimidad, como la familia de Lázaro de Betania, Juan, Pedro y Andrés, y otros. Sin embargo, nunca mostró preferencias discriminatorias en el ejercicio del ministerio. Trataba a todos por igual cuando se trataba de ejercer sus funciones de maestro, director o guía; o de reprender malas acciones o equivocaciones. Esta ecuanimidad se extendía al trato con todas las personas que lo rodeaban o seguían y con el público en general. Se negó a seguir los prejuicios de la sociedad de su tiempo y a adoptar las actitudes discriminatorias del ambiente y cultura en que le tocó vivir. Jesús fue ciertamente un hombre liberado de prejuicios. Donde mejor podemos comprobar esta importante cualidad del Maestro es en el trato con las que hoy llamamos minorías, como las mujeres y los niños; los publicanos o «pecadores»; los pobres, enfermos y desposeídos. Su alma liberada y actitud ecuánime lucen en particular en su trato con las mujeres. En los tiempos de Jesús, las mujeres eran consideradas inferiores, tratadas casi como animales. Los hombres las tenían como sus posesiones. Esta actitud prevalecía aun en los medios religiosos, donde la mujer no era igual que el hombre delante de Dios. La oración favorita de un fariseo era: *«Gracias, Dios, de que no soy un gentil, un publicano o una mujer.»* Las mujeres no tenían derecho a la educación; y su oficio era permanecer en casa, criando hijos, cocinando y atendiendo a su marido. El esposo podía divorciarlas por cualquier motivo, sólo entregándole un certificado firmado.

Jesús cambió todo esto. Caracterizó la práctica del divorcio como fruto de «corazones endurecidos» (Marcos 19:3–9); y lo justificó sólo en casos extremos, como el de adulterio. Pero, aun el caso de la mujer adúltera, tirada a sus pies por sus acusadores, nos revela no sólo un corazón compasivo, sino una actitud ecuánime y no parcializada, que consideraba a los acusadores de la mujer tan pecadores como la mujer misma. Vale la pena repasar este interesantísimo episodio que nos revela, en toda su amplitud, el alma ecuánime del Maestro. La egregia actitud de Jesús frente a esta pobre mujer pecadora y sus acusadores es tanto más elocuente, cuanto que nos muestra quién era Jesús y quiénes sus enemigos. En efecto, Jesús tuvo muchos enemigos que no sólo lo espiaban y perseguían, sino que buscaron en todo momento cómo deshacerse de él. Y al fin lo lograron, aunque sólo parcialmente. El método que utilizaron fue llevarlo a «una trampa teológica», que lo desacreditara delante del pueblo y les diera a ellos un argumento para acusarlo delante de las autoridades religioso-políticas. Pensaban que si sólo lograran unas palabras o un gesto que entrara en contradicción con la ley de Moisés, o con alguno de los profetas, ya lo tenían en sus manos. Y es en esta coyuntura cuando se presenta el incidente de la «mujer sorprendida en adulterio» (Juan 8:1–11). Los fariseos que eran los representantes del partido y la secta religiosa más extremadamente fundamentalista y cerrada, fueron los que trajeron la mujer y la tiraron a los pies de Jesús, arguyendo que de acuerdo con la ley de Moisés debía ser apedreada. *«¿Tú, que dices?»*, le preguntaron a Jesús.

La trampa era sutil, pero mortal. Si Jesús decía que la soltaran, entraría en contradicción con la Ley. Pero si ordenaba el apedreamiento de la mujer, quedaba mal con todos, pues desmentía su predicación de amor, perdón y misericordia; además, los soldados romanos podían arrestarlo por propiciar la pena capital, que era prerrogativa sólo del gobierno romano. Es entonces cuando se yergue la figura ecuánime del Maestro y deja a todos con dos metros de nariz. Después de escribir en el suelo no sabemos qué cosa, Jesús lanza su sentencia, que es un verdadero reto a todos, principalmente a los fariseos llenos de hipocresía y pecados ocultos. *«Aquel de ustedes que esté libre de pecado, que tire la primera piedra»* (v.7).

Con su sabia decisión Jesús muestra la excepcional sabiduría y ecuanimidad de un líder de superior calidad. Salva la Ley, a la que no contradice, dejándola como válida; pero salva a la mujer denunciando que para aplicar el castigo del pecado, debemos primero estar nosotros libres de pecado.

El final del episodio nos revela, en una frase, el alma ecuánime y compasiva del Maestro: *«Mujer, ...¿Ya nadie te condena? ...Tampoco yo te condeno. Ahora vete, y no vuelvas a pecar»* (Juan 8:10–11).

Necesitamos líderes a la altura de Jesús

Lo que tenemos aquí es un líder de mucha altura, que exhibe cualidades muy necesarias para el directivo o ejecutivo de hoy: dignidad, comprensión, compasión y sobre todo ecuanimidad. Un ejecutivo, como Jesús, que sabe tratar a todos, inclusive a los díscolos y extraviados o desorientados, con delicadeza y dignidad, sin sacrificar la franqueza y claridad. Un directivo de mente clara y espíritu libre que posee sus propias convicciones y sabe liberarse de corrientes y actitudes que buscan perpetuar injusticias o discriminaciones. Para Jesús no importó que otros consideraran a la mujer adúltera una cualquiera que había arrastrado su honor y dignidad. En su caso, como en otros muchos casos, como el de la Magdalena, Jesús defiende sus derechos ante la ferocidad hipócrita de sus detractores. Y con su gesto noble y ecuánime contribuye a su restauración.

Todos respondemos y reaccionamos positiva o negativamente al trato que recibimos. El gerente o ejecutivo que quiere recibir respuestas positivas de atención y respaldo entusiasmo y solidario a su función directiva, debe aprender de Jesucristo a tratar correctamente a la gente; con delicadeza, ecuanimidad, objetividad y altura. Buscando, inclusive cuando tiene motivos de queja, sanción o reprensión, la restauración del díscolo o culpable, si esta es posible. Y aun en el caso de sanciones drásticas o despidos emplear el tacto sereno, las palabras dignas y constructivas y la actitud ecuánime digna y noble, que vemos en las acciones de Jesús.

Jesús es el modelo perfecto de gerente y ejecutivo para todos los tiempos; pero de manera especial para nuestro tiempo, de «acción afirmativa» y «derechos civiles», cuando se quieren derribar las barreras de la discriminación, dar oportunidad a las minorías, y proporcionar a todos un trato igualitario. Ciertamente que es mucho lo que gerentes y ejecutivos podrían aprender de la lectura detenida de los Evangelios, y de la observación cercana de Jesús, el ejecutivo ecuánime.

XII

Tratar bien a todos

«No juzguen, y no se les juzgará.
No condenen y no se les condenará.
Perdonen y se les perdonará. Den, y se les dará:
se les echará en el regazo una medida llena,
apretada, sacudida y desbordante.
Porque con la medida que midan a otros,
se les medirá a ustedes.»

Lucas 6:37–38

Ejecutivos hoscos e insensibles

La profesión administrativa adolece de ejecutivos ásperos, imponentes e insensibles. Con frecuencia se escucha en empresas y organizaciones de industria, servicio o comercio, y aun en los medios religiosos y cristianos, criticar a los jefes por ser inconsiderados e insensibles a las necesidades y problemas de sus subalternos. Hay además mucho desequilibrio y falta de equidad en el trato que se da a obreros y empleados: para algunos hay atención, consideración y cariño, mientras que para otros, según nos caigan bien o mal, hay descortesía y desprecio. Vimos, en otro capítulo de este libro, que la calidad del ejecutivo se mide en el trato justo y ecuánime que sabe dar a sus asociados y subalternos. Abundemos y profundicemos en este tema, hablando de la sensibilidad y delicadeza en el trato que todo buen ejecutivo debe exhibir, virtudes en las cuales fue ciertamente Jesús un modelo. Guardando las distancias y sin claudicar de su dignidad y autoridad, el ejecutivo sencillo y asequible, abierto a la comunicación fluida y espontánea con su equipo, dispuesto a escuchar y entender los problemas no sólo laborales, sino simplemente humanos de quienes trabajan bajo su dirección, tiene ganado un gran trecho en la dirección de su grupo. Al asegurarse la buena voluntad de su gente, le quedará mucho más fácil impartir órdenes, pedir colaboración y tomar decisiones difíciles, ya que éstas llegarán precedidas de la simpatía de su gente, que ha aprendido a reconocerlo como uno del grupo, interesado en el bienestar de todos.

Jesús sabe tratar a la gente

Nadie mejor que Jesús puede servir de modelo en el trato a los demás. El líder, director, ejecutivo o gerente, puede aprender de él los múltiples valores y actitudes que hacen eficiente una buena administración, basada en dar un buen trato al personal, ejerciendo un liderato ecuánime, serio, objetivo y delicado, que considera a todos en la empresa como personas valiosas, dignas de atención y consideración, sin importar el rango o categoría de su posición.

Jesús aceptó a todos, hombres y mujeres, sin considerar su edad, sexo o condición, como sus hermanos. Por eso hizo de casi todos los que trató, sus amigos. Se hizo atractivo por su permanente actitud de servicio. Su figura y persona poseían en sí mismas un atractivo carismático natural. Sus palabras deslumbraban y sorprendían por la sencilla sabiduría de su contenido; pero lo que le creó mayor admiración entre las multitudes, le generó más aprecio, y le ganó más adeptos fue definitivamente su entrega y servicio en favor de los demás; su compasiva comprensión de los problemas, y su permanente disposición para ayudar a resolverlos. Aunque atendía a todos, sabios e ignorantes, cultos e incultos, pobres y ricos, siempre terminaba dando especial atención a los más necesitados y desprotegidos. Hasta el punto que fue censurado: como *«amigo de recaudadores de impuestos (publicanos) y pecadores»* (Lucas 7:34). En cualquier ocasión o lugar siempre se reveló como el líder de carácter, que propiciaba el cumplimiento del deber, pero sabía defender a quienes se atrevían a mostrar sentimientos positivos, como el de un amor acendrado o un arrepentimiento sincero. Tal es el caso de la mujer que se presentó, sin ser invitada, en el banquete de Simón el fariseo, mostrando su deseo de cambio y regeneración, derramando perfume en la cabeza de Jesús y bañando sus pies con lágrimas. Jesús la acogió, sin hacer caso de las críticas de Simón y sus huéspedes (Lucas 7:44–47). ¿Y qué decir de su defensa serena y valiente de la mujer adúltera (Juan 8:3–11), que ya hemos estudiado en este mismo libro? En la parábola del hijo perdido muestra cómo, a ejemplo del Padre de los cielos, todo directivo o líder debería alegrarse del subalterno que, habiéndose equivocado, quiere enmendar su error (Lucas 15:16–32).

No se siente Jesús rebajado en su categoría de gran maestro y líder, por sentarse a la mesa de los humildes, que otros otros desprecian (Marcos 2:13–17). Pero va más lejos. Se muestra dispuesto a atender no sólo las necesidades y problemas corporales, sino los que tienen que ver con el alma y el espíritu; aquellos que oprimen por dentro, crean angustias, ansiedades y temores y pueden llevar hasta la desesperación. A esta categoría pertenecen las enfermedades secretas o vergonzosas (Marcos 5:25–34); o las que perturban la mente, trastornan el espíritu y crean una personalidad desequilibrada por la acción de las fuerzas malignas (Marcos 5:1–20), o los golpes imprevistos de la vida (Lucas 20:40–43).

No fue Jesús ajeno a las necesidades cotidianas, que con frecuencia son las que más afectan a la gente. El hambre, la enfermedad, el dolor, los problemas familiares de los hijos, esposos o allegados. Casi podría señalarse una intervención de Jesús, a veces acompañada de milagros, para cada uno de estos casos.

Un material humano heterogéneo y difícil

Jesús eligió inicialmente doce para formar su equipo, a quienes dio confianza y estímulo en mil formas. Estos aprendieron lecciones de liderato práctico y eficaz, tanto de sus palabras como de su ejemplo. Su primera lección surgió de la misma forma como los eligió. Debió ser una sorpresa para muchos de ellos que Jesús los invitara a formar parte de su equipo. Había entre ellos hombres de muy diversa procedencia y vocación: pescadores del lago de Genesaret; un zelote medio revolucionario de nombre Simón; otro de corazón torturado y no muy claras ambiciones llamado Judas, quien más tarde lo traicionó; varias parejas de hermanos; Juan, un soñador de alma delicada, que llegó a ser su amigo del alma, y escribió su biografía de mayor altura y penetración teológica; un recaudador de impuesto de mala fama y baja estima entre sus paisanos, por estar precisamente «vendido» a los romanos opresores de su pueblo. No faltaron los vivos y ambiciosos hijos de un tal Zebedeo, que quisieron utilizar la influencia de su madre para asegurarse un puesto de privilegio en su imaginario reino del Mesías. Lo sorprendente es que Jesús pudiera trabajar con este heterogéneo material humano, haciéndolos sus acompañantes, mensajeros y representantes. Supo descubrir en cada uno de ellos las cualidades y valores utilizables para su empresa misionera, y lidiar con sus defectos y debilidades con comprensión y paciencia, pero sin comprometer sus ideales y propósitos y los altos valores de su empresa.

También las mujeres

Las mujeres ocuparon también un lugar importante en el equipo de Jesús, quien las comprendió, y utilizó para sus propósitos, con extraordinaria sensibilidad, tino y delicadeza. Estas ejercieron ministerios y realizaron comisiones y encargos delicados. Cuidaron muchas veces del sustento y comodidad de Jesús y su grupo (Lucas 8:2–3); y entraron a formar parte del círculo íntimo del Maestro, que le fue fiel hasta el final trágico de su existencia en la tierra. Las mujeres, en efecto, estuvieron junto a la cruz, lo acompañaron en los momentos dolorosos de su agonía, y se encargaron de su sepelio y sepultura. Muy temprano en la madrugada del domingo, una de ellas de nombre María Magdalena, tuvo el privilegio de ser la primera en verlo resucitado y recibir el primer mensaje para sus discípulos (Juan 20:10–18).

El hogar y la familia ayudan

Aunque Jesús renunció por voluntad propia al matrimonio, nunca dejó de ser un hombre de familia. La mayor parte de su existencia en la tierra la vivió en familia, en el hogar de Nazaret, sometido a sus padres y rodeado de sus hermanos, primos y familiares. Como toda familia judía, la de Jesús debió ser una familia numerosa. Su madre y sus hermanos y muchos de sus allegados figuran en los cuadros que le acompañaron en la aventura de su ministerio público; y varios de ellos estaban al pie de la cruz, al momento de su partida de este mundo. Jesús pues, supo cultivar una estrecha relación no sólo con sus amigos, sino con los más íntimos y allegados, incluyendo a sus padres. Nadie puede negar la importancia que tiene para el líder o ejecutivo el contar con un hogar estable. Los problemas familiares definitivamente fortalecen o debilitan la capacidad de dirección y trabajo de los que deben dirigir a otros. Un buen padre y esposo, madre o esposa, ciertamente están en una mejor posición para dirigir sin preocupaciones o distracciones innecesarias la empresa u organización, que el que vive una vida hogareña desequilibrada y conflictiva, sembrada de sobresaltos e inestabilidad. Por algo Pablo exige de los obispos, que son los altos ejecutivos de la iglesia, que:

> ... *sean intachables, esposos de una sola mujer, moderados, sensatos, respetables, hospitalarios, capaces de enseñar; no deben ser borrachos ni pendencieros, ni amigos del dinero, sino amables y apacibles. Deben gobernar bien su casa y hacer que sus hijos les obedezcan con el debido respeto, porque el que no sabe gobernar su propia familia ¿Cómo podrá cuidar de la iglesia de Dios?*

1 Timoteo 3:4–5

El razonamiento es válido para cualquier puesto de dirección. ¿Cómo podrá un ejecutivo dirigir bien su empresa, amplia y extendida, si se muestra incapaz de dirigir su propio hogar? El hogar es ciertamente la escuela donde se fraguan los mejores líderes. Donde se aprende a mandar y a obedecer, a vivir en convivencia, comprender a los demás, respetar los derechos ajenos, compartir los ratos felices y las experiencias dolorosas o difíciles. Y Jesús tiene mucho que enseñarnos al respecto, porque fue la mayor parte de su vida un hombre de hogar. Alguien podría argüir que Jesús no fue casado. Y sí, en realidad Jesús quiso renunciar al matrimonio por propia voluntad; aunque esto no quiera decir que no tuviera familia y que de alguna manera no ejerciera funciones de jefe de familia. Jesús consideraba tan estrechos sus vínculos con los que formaron su equipo, que los sentía y proyectaba como su segunda familia, de la cual era él la cabeza, como su padre y esposo. De hecho, lo sorprendemos hablando tan tiernamente a sus discípulos, compartiendo con ellos tan íntimamente, como si fuera en realidad un padre, un hermano. Alguna vez alguien le anunció, en medio de su actividad ministerial, la presencia de su madre y hermanos carnales; y él identificó sin titubeos a sus seguidores también como miembros de su familia, tanto como su madre y hermanos (véase 8:19–21).

¿Por qué no se casó Jesús?

¿Por qué renunció Jesús al matrimonio? Precisamente para estar más libre para atender los deberes de su trabajo y ministerio. Para poder dedicarse sin distracciones ni reservas a dirigir la empresa de salvación que le había encomendado su Padre de los cielos. Casi que pudiéramos afirmar que Jesús no tuvo tiempo de casarse. Ya hemos dicho que su ministerio público duró escasamente dos o tres años. No había tiempo ni espacio para formar un hogar por sí mismo. Más bien lo que hizo Jesús fue incorporar su familia a su trabajo y ministerio. Esta misma tendencia la descubrimos entre los apóstoles y primeros miembros de su equipo directivo. Es evidente que Jesús mostró una amplia flexibilidad en este asunto del matrimonio de sus discípulos: no obligó a ninguno a quedarse célibe y sí dio amplia libertad para que se casaran. La mayoría así lo hizo. Podemos pues afirmar que los dirigentes de la iglesia primitiva llevaron una vida normal de hogar y matrimonio. Sólo algunas personas, como Pablo optaron voluntariamente por el celibato. Pablo es un buen intérprete de las enseñanzas del Maestro en este punto. Él mismo se quedó célibe, y aconsejó a los que quisieran y se sintieran capaces, hacer lo mismo. Pero no de cualquier manera y a cualquier precio, porque *«si no pueden dominarse —advirtió— que se casen, porque es preferible casarse que quemarse en pasión»* (véase 1 Corintios 7:8 ss). Mucho tiene que ver con la personalidad y carácter de cada líder. En el caso de Pablo es evidente que prefirió sentirse libre y no ser carga para nadie, aunque reconoce el derecho y conveniencia de tener esposa y familia. A los que le critican, responde: *«¿Acaso no tenemos derecho a comer y beber? ¿No tenemos derecho a viajar acompañados por una esposa creyente, como hacen los demás apóstoles, incluyendo a Cefas y los hermanos del Señor?»* (1 Corintios 9:4). No quiere decir esto, sin embargo, que Pablo fuera ajeno a la vida familiar. Vemos que en sus correrías apostólicas recibió cariño y atención de muchas personas, hogares, hombres y mujeres que cultivaron con él una profunda intimidad y familiaridad. A muchos los sentía como hijos, miembros entrañables de su gran familia cristiana. A varios llegó a llamarlos precisamente *«hijitos queridos»*. *Esta* especial ternura para sus compañeros de faena, estos acendrados sentimientos sólo podían salir de un corazón de padre y hermano. Tenemos una muestra de estos sentimientos en lo que escribió a los de Corinto:

> *No les escribo esto para avergonzarlos sino para amonestarlos, como a hijos míos amados. De hecho, aunque tuvieran ustedes miles de tutores en Cristo, padres sí que no tienen muchos, porque mediante el evangelio yo fui el padre que los engendró.*
>
> 1 Corintios 4:14–15

Preparados para ayudar

Pareciera que muchos parámetros modernos de la buena administración inculcan en los ejecutivos que una actitud «profesional» en la dirección de la empresa significa ser insensibles a cualquier clase de problema personal de los miembros de la misma. «Actuar profesionalmente» es ocuparse solamente de las responsabilidades laborales, de lo que atañe exclusivamente al «negocio», sin inmiscuirse en los «problemas personales» de los asociados. Se ha comprobado, sin embargo, con multitud de estudios técnicos y científicos, que el bienestar y progreso de la empresa están estrechamente relacionados con la moral y salud de los empleados en todas sus dimensiones: física, moral, espiritual y social. Un aspecto que incide de manera definitiva en la alta moral de los asalariados es la forma como se les trata. Lo mínimo que se puede esperar es que se trate a los subalternos como seres humanos, y no como simples nombres o números descarnados de nómina. Quienes trabajan con nosotros son personas de carne y hueso, con corazón, alma y sentimientos y no simples autómatas que llegan a hacer una labor mecánica o rutinaria, como podrían hacerla las máquinas y computadoras que ellos mismos manejan. Lo que estamos diciendo es que los jefes y ejecutivos deben aprender como regla primordial de su empleo, tratar y dirigir a sus empleados como personas. Y no sólo esto; sino mostrar sensibilidad a sus problemas familiares y personales, que de una u otra forma influyen en el rendimiento en su trabajo.

Jesús, un ejecutivo sensible a los problemas

Jesús puede ayudarnos a comprender y aprender la correcta actitud en estas situaciones. Primero, estuvo siempre dispuesto a oír. Nada perdemos con escuchar a la gente. Muchas veces es lo único que quieren de nosotros. Buscan a alguien con quien compartir lo bueno o lo malo: sus alegrías y tristezas, sus logros y fracasos, sus triunfos y frustraciones. Y, aunque es verdad que no podemos envolvernos en todos los problemas de nuestros asociados, sí es conveniente de vez en cuando sacar algún tiempo, para conversar con ellos, y escuchar lo que quieran decirnos. Nadie puede valorar lo que significa para un obrero o empleado el que su jefe saque unos minutos para compartir con él, en el campo de sus problemas personales. Ese jefe o ejecutivo gana estatura, aprecio y reconocimiento. Nadie estuvo más ocupado que Jesús, sin embargo sacó tiempo para conversar con la gente. En los evangelios tenemos innumerables ocasiones, cuando la gente se acercaba al Maestro a preguntar, a plantearle problemas, a pedir aclaraciones o consejos, o a solicitar favores. La razón de todo esto es que el trabajo del ejecutivo, como el trabajo de Cristo, es eminentemente relacional.

En segundo lugar, el ejecutivo debe conocer a su gente. Le conviene. Nada atrae tanta simpatía, como el constatar que mi jefe me llama por mi nombre; se interesa en mí, me pregunta por mi familia. *«¡Ese sí es un jefe!»*, oiremos comentar. Se inicia así un intercambio de simpatía y conocimiento mutuos que favorece a todos. Jesús plantea esta situación de liderato en la parábola del buen pastor y las ovejas. Él mismo se identifica como *«el buen pastor que conoce muy bien sus ovejas y éstas a su vez lo conocen a él»* (véase Juan 10:11–18). Es interesante constatar que Jesús llama siempre por su nombre a cada uno de sus discípulos; inclusive les cambió el nombre a algunos de ellos, práctica muy común en el Antiguo Testamento, que significaba integración de la persona a la familia de Dios, como parte importante de su plan y proyecto de salvación.

Aprender a delegar

Puede argüirse que si el gerente o director se entrega a escuchar y conocer a todo mundo, especialmente en

empresas grandes, no va a tener tiempo para atender
sus obligaciones gerenciales fundamentales. Entra aquí
la sabiduría y conveniencia de la delegación. Muy temprano en su ministerio Cristo eligió a doce, que formaron
su equipo, y fue delegando pequeñas y grandes responsabilidades en ellos. Los apóstoles siguieron el ejemplo
de Jesús, y muy temprano en la organización de la iglesia se dieron cuenta que, para atender sus labores más
importantes de oración, estudio y atención al ministerio
pastoral, debían delegar responsabilidades administrativas en un grupo de jóvenes diáconos, que se dieron a la
labor de atender las necesidades de los hermanos, especialmente los huérfanos, las viudas y los emigrantes
(véase Hechos 6:1–7). El buen ejecutivo delega, refiere, se
acompaña del mejor equipo posible que le permita cubrir
sus obligaciones y realizar todo el trabajo de la empresa
de la mejor manera. Lo triste es que se buscan lo mejores
profesionales en todas las ramas ejecutivas y técnicas
para que la empresa marche, pero se descuida el campo
importantísimo de las relaciones humanas y el bienestar
de los empleados que, como hemos visto, es vital para
mantener la moral del personal y la buena marcha de la
empresa. Este fue precisamente el campo que más cuidó
Jesús.

Dar oportunidad

En toda empresa hay casos especiales de personas
que necesitan mayor atención y asistencia. Estas deben
tener su oportunidad; lo mismo que los díscolos o indisci-
plinados que por una u otra circunstancia fallan. El ejecutivo o directivo debe llenarse de razones antes de
tomar medidas drásticas; aunque es verdad que llega el
momento cuando se debe proceder, después de compro-
barse que las llamadas de atención y las oportunidades
de enmienda no han funcionado. También Jesús llegó a

este punto en la dirección de su equipo. El caso de Judas es paradigmático y ejemplar. Le dio todas las oportunidades; lo trató con delicadeza y cariño, hasta llamarlo «amigo» y sentarlo a su lado en la última cena; pero llegó un momento en que se perdió toda esperanza, y Jesús tuvo que despedirlo, diciéndole: *«Lo que vas a hacer, hazlo pronto»* (Juan 13:27). Pero en éste como en muchos otros casos, Jesús agotó su paciencia, brindando oportunidad de rectificación y enmienda.

Colegimos de todos estos ejemplos que Jesús no se precipitó a tomar decisiones drásticas, mientras pudo abrigar la esperanza de enmienda y rectificación. Nos enseñan también los ejemplos citados y muchos otros más que Jesús prestó especial atención a los que necesitaban mayor ayuda y asistencia. Esta actitud se revela en sus palabras: *«No son los sanos los que necesitan médico, sino los enfermos»* (Mateo 9:12). El trato de Jesús con las personas con problemas, a quienes otros prestaban poca atención se hace patente en multitud de casos, como el de sentarse a manteles con publicanos, considerados como los más despreciables en el medio social judío por los abusos que cometían en el cobro de los impuestos (véase Marcos 2:13–17). Uno de estos publicanos, de nombre Mateo, llegó a ser uno de sus apóstoles y líderes, nada menos que escritor de uno de los cuatro evangelios que nos comunican la vida y enseñanzas del Maestro.

Un directivo sensible y humano

Jesús no sólo sanó a los que padecían enfermedades corporales, sino que atendió y ayudó a los oprimidos anímicamente, a los conmocionados en su espíritu, y hasta a los torturados por su conciencia por el sentido de culpa, como fue el caso del crucificado con él, a su derecha, en el Calvario (Lucas 23:40–43). Nos gusta enfatizar la figura

de Cristo como el Hijo de Dios, el Salvador del mundo; y
a veces como que su divinidad no nos deja ver los maravillosos rasgos de su humanidad. Para nuestra época de
gerentes, técnicos, ejecutivos y empresarios, necesitamos redescubrir al Jesús humano, hombre como nosotros, envuelto en los quehaceres rutinarios cuotidianos
del hogar, de la vida doméstica y del trabajo de cada día,
dentro de la comisión humano-divina que el Padre de los
cielos le encomendó para realizar en esta tierra. Esta
misión y empresa la cumplió Jesús con un equipo de
hombres y mujeres, como nosotros, con algunas cualidades, pero muchos defectos; dotados de algunos conoci-
mientos y habilidades, pero carentes de ciertas virtudes
y recursos, lo que resultaba en que su trabajo adolecía de
defectos, y en muchas ocasiones debían rectificar, enmendar, cambiar. La grandeza de Jesús se manifiesta
en que, aunque planeó para lo mejor, y exigió casi perfección de los suyos, estuvo siempre dispuesto a ayudar, a
asistir; a comprender, perdonar y dar oportunidad de
enmendar, cuando las cosas no salían como él las desea-
ba. Y cuando esto ocurría, estuvo dispuesto a reconocer
y celebrar, como en la parábola del hijo perdido que re-
conoció sus errores y regresó a casa, dispuesto a cambiar. Esto no agradó mucho al hijo mayor que siempre
siguió las órdenes del padre y cumplió a cabalidad con
su deber. Pero el padre, como un buen ejecutivo, que
mira al futuro, vio las inmensas posibilidades del hijo
recobrado, que llegaba a reemprender el trabajo, lleno
de experiencias y nuevos propósitos para la vida. Es así
como podemos entender la respuesta del padre al hijo
mayor que se quejaba de haberle dado a su hermano
díscolo otra oportunidad:

*Hijo mío, teníamos que hacer fiesta y alegrarnos,
porque este hermano tuyo estaba muerto, pero ahora
ha vuelto a la vida; se había perdido, pero ya lo he-*

mos encontrado (véase toda la parábola en Lucas 15:11–32).

XIII

Sacar lo mejor de lo que tenemos

«Mientras estaba con ellos, los protegía
y los preservaba mediante el nombre
que me diste y ninguno se perdió,
sino aquel que nació para perderse.»
Juan 17:12

Un equipo más bien mediocre

El buen líder se prueba en las dificultades; y aunque busca triunfar, debe estar preparado para el fracaso. Según los parámetros de la Mercadotecnia moderna, Jesús fracasó en buena parte en muchos aspectos de su empresa. Uno de ellos, que es considerado vital para la buena marcha de cualquier proyecto empresarial: la selección de personal. De seguro que si le aplicáramos a uno por uno de los discípulos de Cristo el examen moderno de evaluación de personalidad y suficiencia profesional, no lo pasarían.

En líneas generales los discípulos de Cristo mostraron una personalidad débil, no muy buen criterio y un bajo coeficiente intelectual. En su mayoría pertenecían a las clases bajas de la sociedad, hombres comunes y corrientes, más bien mal educados, en algunos casos bastante ignorantes y testarudos. Pedro, Santiago, Juan, Simón y Andrés eran pescadores, de las orillas del mar de Galilea, región que no gozaba de mucho aprecio en la Palestina de los tiempos de Jesús (véanse Juan 7:52; Mateo 14:70; Lucas 13:1–4). Natanael, aunque de buen carácter, era un soñador romántico. Felipe, un vagabundo no muy despierto de mente, que al final de la vida de Cristo recibió una fuerte reprimenda del Maestro, porque todavía no tenía clara la identidad de Jesús (véase Juan 14:8–14). Simón el Zelote un rebelde, posiblemente miembro de la secta de los zelotes que propiciaba un Mesías material y político. Mateo, un recaudador de impuestos, despreciado y odiado por su gente, como traidor a su patria, pues se llenaba los bolsillos con el dinero de más que sonsacaba a sus paisanos, en nombre del impero. Es posible que algunos de ellos no sabían leer ni escribir; y la mayoría carecía de un profundo conocimiento de las Escrituras.

En cuanto a las mujeres de su entorno, las hubo de todas las calidades. Nos basta un par de ejemplos: a María de Magdala la rescató de una vida desordenada; la otra María, la de Betania, era una soñadora irredenta, un poco perezosa; y su hermana Marta, aunque hacendosa y diligente en los deberes del hogar, tenía su carácter y no le faltaban los celos. Sin embargo, Jesús no se dejó derrotar por las limitaciones y defectos de su equipo. Más bien lo consideró como un desafío y emprendió con ellos la ardua labor de moldear su carácter y cambiar su personalidad . Y, aunque en algunos casos, como en el de Judas, no tuvo mucho éxito, el producto final de su labor de líder y Maestro fue notablemente exitoso. El hecho concreto es que con este grupo y otros que se les unieron después, Jesús conquistó prácticamente en menos de cien años una buena parte del mundo mediterráneo, donde dominaba el inmenso imperio romano; y gracias al poderoso movimiento que este grupo de hombres y mujeres débiles, ignorantes y caprichosos iniciaron en Palestina, el cristianismo se extendió por el mundo entero hasta alcanzar hoy el billón largo de adherentes. Y aquí tenemos la primera lección: un líder o ejecutivo no debe esperar que su equipo sea perfecto y, aunque busque los mejores, descubrirá que aun los mejores tienen sus problemas y defectos; y los peores pueden ser rescatables y aprovechables; por eso debe estar dispuesto a trabajar con el grupo que le ha tocado, buscando siempre su perfeccionamiento y progreso.

Sacar lo mejor de lo que tenemos

Algo debió ver Jesús en estos hombres y mujeres que era aprovechable para la realización de su empresa. Es verdad que Pedro era imprudente e impulsivo, pero Jesús aprovechó bien su entusiasmo desbordante, que lo llevó hasta prometer ir con Jesús a la muerte: Jesús ora por él, y lo destina a confirmar y *«fortalecer a sus hermanos»* (Lucas 22:31–32). Fue en realidad Pedro quien dio la más clara y valiente confesión de la «mesianidad» de Jesús: *«Tú eres el Cristo, el hijo del Dios viviente»* (Juan 6:69). Juan, que inicialmente fue discípulo del Bautista, y que tuvo sus dudas de si Jesús era el Mesías, se convirtió en su gran amigo y confidente y gracias a esta amistad, que le ganó el título del *«discípulo amado»,* conocemos hoy intimidades de la vida del Maestro, narradas en el Evangelio de Juan, que de otro modo se hubieran quedado inéditas. La relativa cultura de Mateo, el recaudador de impuestos, le sirvió también para redactar el primer evangelio, dirigido más que todo a sus paisanos judíos. Jesús enroló además en sus filas a gente de alguna prestancia y preparación intelectual. Mencionemos el caso de Nicodemo, doctor de la ley y maestro de Israel; José de Arimatea, rico e ilustre miembro del Sanedrín; Marcos, que fue otro que escribió un evangelio, narrando la vida y enseñanzas del Maestro, fue posiblemente de origen noble romano y ciertamente con una buena capacidad literaria. Lucas, otro evangelista, allegado a Pablo, revela en su evangelio su profesión de médico, por los innumerables detalles que señala, en los milagros realizados por Jesús. El estilo de sus escritos (el tercer evangelio y el libro de los Hechos) es el de un auténtico periodista profesional. Además, debió conocer a Jesús, porque su evangelio nos narra detalles de su nacimiento e infancia, que sólo un allegado a María y a su familia podía conocer. Por no mencionar a Pablo de Tarso, quien fue llamado de una manera especial, después de la muerte y resurrección del Maestro (véase Hechos 9:1–10), quien, después de ser acérrimo perseguidor del evangelio, pasó a ser su aguerrido defensor, responsable de la expansión del mensaje de salvación entre los gentiles.

Ya vimos que las mujeres ocuparon puestos importantes en el ministerio de Jesús; el mejor ejemplo lo tenemos en María Magdalena, primera en descubrir al resucitado y en recibir la misión de anunciar este hecho trascendental al resto del colegio apostólico. Tuvo pues Jesús un buen surtido de personalidades y caracteres dentro de su equipo y de alguna manera supo manejar sabiamente sus cualidades y defectos, de modo que las primeras sirvieran para impulsar la misión, y los defectos no se convirtieran en obstáculos para la realización de la misma.

Sabio manejo del equipo

Esta labor delicada y a veces complicada del manejo del personal integrante de la planilla laboral de una empresa requiere de una gran dosis de paciencia y comprensión, y mucho tino y sabiduría. Y en esto Jesús es un extraordinario modelo. Tomó al grupo seleccionado, como era, con sus virtudes y defectos y los fue modelando, usando varias técnicas que iban desde la enseñanza directa y la orientación clara y precisa, hasta la experiencia y práctica en el campo, la advertencia franca, y la corrección seria y severa. De esta forma Jesús ayudó a sus discípulos a superar sus problemas y activar sus cualidades, en un proceso permanente, silencioso y sutil de educación del que hoy los ejecutivos y líderes podemos aprender. Este proceso de aprendizaje y educación se dio en tres niveles: (1) el de la enseñanza, corrección y orientación; (2) el del ejemplo (3) y el de la experiencia o práctica.

La enseñanza

La enseñanza de Jesús a sus discípulos tuvo que comenzar por cosas elementales que apuntaban a cualidades primarias, necesarias para vivir en comunidad y trabajar juntos.

Era evidente el carácter egoísta y pendenciero de muchos de los discípulos .En varias ocasiones se enfrascaron en discusiones insulsas sobre quién iba a ser el principal y más importante en el reino que Jesús decía que iba a fundar. Llegó a tal punto la situación que Santiago y Juan sonsacaron a su madre para que hablara con Jesús y, utilizando una expresión muy semita para significar poder e influencia, les asegurara *«el lado derecho e izquierdo del trono»* de Jesús (Mateo 20:20–28). Jesús aprovechó el incidente para darles una lección que él esperaba no iban a olvidar jamás.

Jesús, pues, los llamó y les dijo: «Como ustedes saben, los gobernantes de las naciones abusan de su autoridad. Pero entre ustedes no debe ser así. Al contrario, el que quiera hacerse grande entre ustedes

*deberá ser su servidor, y el que quiera ser el primero
deberá ser esclavo de los demás.»*

Mateo 20:25–27

Aparentemente la lección no caló muy profundo en el alma de los discípulos porque, durante la última cena, la misma víspera de la pasión y muerte de Cristo, continuaban discutiendo sobre el mismo punto (Lucas 22:24). Esto provocó una nueva intervención del Maestro muy parecida a la anterior (Lucas 22:24–30). Todo esto nos hace ver que el entrenamiento y orientación de los discípulos se prolongó hasta el fin de la vida de Jesús en la tierra. Y aún más lejos; porque Jesús tuvo que regresar, después de su muerte y resurrección a completar este entrenamiento, apareciéndose varias veces a todos juntos, en diferentes lugares, regañando a Tomás por su incredulidad, y alcanzando a dos que huían desengañados a su pueblo de Emaús. A todos les volvió a recodar sus enseñanzas, y les repitió sus promesas, animándolos a perder el miedo y a lanzarse a cumplir la misión que les había encomendado (véanse capítulos 24 de Lucas y 20 y 21 de Juan). Cosa igual o parecida pasa o puede pasar con el entrenamiento de cualquier equipo de una organización o empresa moderna: éste nunca acaba; siempre hay campo para mejorar; defectos que corregir; problemas que resolver; acciones y logros que se deben reforzar, reconocer y estimular. Y observando a Jesús, el ejecutivo avistado puede aprender fórmulas sencillas y prácticas de cómo conseguir lo mejor de cada uno de los integrantes de su equipo, orientándolos y entrenándolos.

Enseñanza por el ejemplo

Pero Jesús fue más allá de la enseñanza y orientación teóricas. Jesús fue él mismo un ejemplo vivo de sus ideales y propósitos. Lucas identifica a Jesús como el Maestro que *«comenzó a hacer y enseñar..»* (Hechos

1:1). Todo lo que enseñó lo practicó, y por eso pudo desafiar a su grupo a imitarlo, especialmente en la práctica de las virtudes que más les hacían falta, como cuando los invitó a ser mansos y comprensivos. *«Aprendan de mí —les dijo—, pues yo soy apacible y humilde de corazón y encontrarán descanso para su alma»* (Mateo 11:29). Los discípulos podían aprender lo que era el verdadero sentido de justicia, mirándolo actuar, como cuando le llevaron a una mujer sorprendida en adulterio. Según la ley, debía morir apedreada. Pero Jesús, que conocía muy bien la hipocresía de los acusadores de la pobre mujer, los desafió: *«Que tire la primera piedra, quien esté sin pecado».* Los discípulos debieron gozar lo indecible con esta sorprendente salida de Jesús; y su admiración debió acrecentarse, al ver el trato que le dio a la mujer: *«Mujer, —le dijo— ¿dónde, están tus acusadores? ¿Ya nadie te condena? Tampoco yo te condeno. Ahora vete, y no vuelvas a pecar»* (Juan 8:2–11).

Prácticamente, lo único que hicieron los discípulos durante los tres años que acompañaron al Maestro en sus actividades y ministerio, fue observar, aprender de sus enseñanzas, pero posiblemente aun más de sus acciones. Por eso no fue difícil para algunos de ellos contar y trasmitir, aun por escrito, treinta o cuarenta años después de su muerte, no sólo las enseñanzas del Maestro, sino sus hechos y milagros, algunos de ellos con detalles minuciosos y exactos.

El ejemplo de Jesús fue formativo y contradecía muchas veces la conducta de sus discípulos, quienes debieron aprender por contraste. Un ejemplo es suficiente: ya hemos señalado cómo en la última cena se volvió a suscitar la discusión sobre la primacía entre el grupo. La respuesta aleccionadora de Jesús fue tomar una toalla y una vasija con agua y lavar uno por uno los pies de los discípulos. Debieron sentir vergüenza. Pedro se sintió tan mal que protestó, y no quería dejarse lavar. Jesús

tuvo que llamarle la atención; y al terminar la ceremo-
nia del lavatorio, los amonestó a todos:

> *¿Entienden lo que he hecho con ustedes? Ustedes*
> *me llaman Maestro y Señor, y dicen bien, porque lo*
> *soy. Pues si yo, el Señor y el Maestro, les he lavado*
> *los pies, también ustedes deben lavarse los pies unos*
> *a otros. Les he puesto el ejemplo, para que hagan los*
> *mismo que yo he hecho con ustedes. Ciertamente les*
> *aseguro que ningún siervo es más que su amo, y nin-*
> *gún mensajero es más que el que lo envió. ¿Entien-*
> *den esto? Dichosos serán si lo ponen en práctica.*
>
> Juan 13:12–17

Casi no había ninguna responsabilidad o actividad
en las que los discípulos no pudieran aprender observando a Jesús y siguiendo su ejemplo. Fue un gran Maestro
de la palabra, pero aún más excelente como maestro en
acción. En actividades tan vitales para su ministerio
como la oración, los discípulos sólo tenían que verlo y es-
cucharlo. Llegó inclusive a componerles él mismo oraciones modelos, como la del Padrenuestro (véanse Mateo
6:9–13; Lucas 11:2–13).

El dar ejemplo y practicar lo que se predica es fundamental para el ejecutivo serio que no quiere pasar como
ciertos jefes de los tiempos de Jesús, quienes, según el
Maestro, *«atan cargas pesadas y las ponen sobre la es-*
palda de los demás, pero ellos mismos no están dispues-
tos a mover ni un dedo para levantarlas» (Mateo 23:4).
Los integrantes del equipo no sólo aprenden del ejemplo
del jefe y se aprovechan de su experiencia, sino que se
unen entusiastas a él en la consecución de las metas de
la empresa, cuando lo ven a él involucrado de lleno en el
trabajo, mostrando dedicación y entrega, o como suele
decirse vulgarmente, «sudando con ellos la camiseta».

Experiencia y práctica

Por último Jesús propició la experiencia y la práctica dirigida, que daban a su equipo la oportunidad de entrenarse y ejercitar las habilidades y virtudes necesarias para su misión. Algunas veces Jesús encomendó pequeñas tareas a sus discípulos, como cuando mandó a varios a traer el pollino en que entró triunfante a Jerusalén (Mateo 21:1–3), o encomendó a un grupo de ellos a hacer los preparativos de la Pascua (Mateo 26:17–19). A Pedro le encargó que fuera a pescar para pagar sus impuestos (véase Mateo 17:24–27). En su simplicidad, fue esta una interesante acción de alto contenido pedagógico. Con ella consiguió lo necesario para pagar sus impuestos y los de Pedro, y literalmente les tapó la boca a sus críticos que lo acusaban de no pagar los tributos. Enseñó además a sus discípulos que era bueno cumplir con el deber ciudadano de sostener el estado y la religión. Pedro debió pensar en todo esto, mientras cumplía la comisión del Maestro.

Cuando Jesús encomendaba a sus discípulos alguna misión, los enviaba casi siempre en grupos o por parejas (Marcos 6:1–13). Todas estas misiones resultaron aleccionadoras y de mucho provecho para el entrenamiento de su equipo misionero. Por lo general Jesús, antes de despacharlos, les daba instrucciones de cómo debían proceder. El mejor ejemplo de estas prácticas nos lo narra Lucas (10:1–23), cuando Jesús mandó setenta discípulos de dos en dos, en una extensa práctica de ministerio que incluía predicar, sanar enfermos y hasta expulsar demonios. Lo primero que resalta en este pasaje, que ocurre temprano en la actividad pública de Jesús, es su arrojo y confianza, al no vacilar en lanzar a una experiencia ministerial comprometida a este grupo de novatos seguidores. Es evidente su propósito de darles oportunidad para que se fraguaran en la práctica de la misión. El ejecutivo que no arriesga, delegando responsabilidades, termina quemándose en el esfuerzo de querer hacerlo todo por sí mismo, y priva a sus subalternos y colaboradores de adquirir experiencia y madurar en sus responsabilidades.

En la narración de Lucas, es evidente que la experiencia ministerial de los setenta fue todo un éxito. Los discípulos regresaron felices, testimoniando con orgullo: «*Señor, hasta los demonios se nos sometían en tu nombre*» (Lucas 10:17). Lo que muestra que la experiencia produjo buenos resultados. En primer lugar, contribuyó a levantar la moral del equipo, que se sintió orgulloso y satisfecho del trabajo realizado. En segundo lugar, debió ayudar enormemente a cada miembro del equipo de Jesús a solidificar su vocación y asegurar su sentido de pertenencia a la empresa. La forma de informar y comentar sobre la actividad realizada muestra que los discípulos consideraban la misión como «su misión», y la empresa y ministerio de Jesús, como «su propia empresa y ministerio». Se están pues superando algunos de los problemas de egoísmo o individualismo exagerado que anotamos al principio. Por otra parte, es evidente que la autoridad y respetabilidad del Maestro se incrementaron sensiblemente. Ahora los discípulos estaban conscientes de que habían sido llamados a una obra grande e importante, para la que necesitaban estar muy unidos e identificados con el Maestro. De él dependía en último término el éxito de su misión.

No olvidarán jamás esta lección. De ahora en adelante los veremos regresar con frecuencia al Maestro a preguntar su opinión, dirimir sus diferencias, despejar sus dudas y sobre todo pedir ayuda y asistencia. Veamos algunos ejemplos: Piden ayuda para calmar la tempestad (Mateo 8:23–29); aclaración sobre la cuestión del ayuno (9:14–17); el perdón de los pecados (18:21–35); la primacía en el reino (20:20–28); las señales del fin del mundo (Lucas 21:5–37) y sobre su propia muerte (Juan

12:20–25). Piden orientación sobre cómo orar (Lucas 11:1–13); cómo entender y aplicar las parábolas (Mateo 14:14–43); cómo podían identificar al Mesías (Lucas 7:18–23); y muchas otras cuestiones prácticas, como dónde celebrar la última cena (Marcos 14:12–16); cómo lidiar con un muchacho lunático (Mateo 17:14–21) o cómo proceder con alguien que predicaba en nombre de Jesús, sin su autorización (Marcos 9:38–41); cómo proceder con los ofensores y qué ventajas tendrían ellos como miembros de su reino (Mateo 18:1–19).

Estar presente

El sentimiento de la presencia del Maestro como garantía de un ministerio bien llevado, perduraría aun después de su partida de este mundo. Y en la iglesia que fundaron estos hombres, inspirados y dirigidos por el Espíritu, para continuar la «empresa» de Jesús, todo se volvió un recuerdo del Maestro. Toda oración, culto o actividad importante terminaba *«en el nombre de Jesús»*. Esto se daba, cuando todo iba bien, pero especialmente cuando arreciaban las persecuciones, las luchas y problemas. Jesús fue siempre el recurso supremo que, con su presencia y palabra, animó la acción, y mantuvo vivo el entusiasmo de sus seguidores, haciendo más alegres los triunfos e infundiendo consuelo y esperanza en los fracasos. Un solo ejemplo basta para ilustrar esta realidad dinámica de la presencia de Cristo, entre sus discípulos: Pablo de Tarso, el gran apóstol responsable de la expansión del cristianismo entre el mundo pagano. Aunque incansable y decidido en la brega, tuvo sus momentos de dolor y desengaño, por mil motivos: persecución y cárcel, traición e incomprensión de sus mismos colegas en el ministerio, soledad y abandono, hasta el punto que, en algún momento crítico de desengaño y dolor quiso morirse, *«porque para mí, —afirmaba— aunque el vivir es Cristo, el morir es ganancia»* (Filipenses 1:21). Pero siempre retornaba al ministerio lleno de esperanza. Su secreto lo encontramos en una frase que más parece un grito de confianza y una consigna de triunfo, que todo seguidor de Jesucristo debería aprender: *«Todo lo puedo en Cristo que me fortalece»* (Filipenses 4:13)

Conclusión

Cuando hay un jefe como Jesús, no hay lugar para el fracaso. Pronto todos se dan cuenta de su calidad humana y profesional. Descubren que pueden contar con él en toda circunstancia porque conoce muy bien a su equipo; sabe de sus cualidades y defectos; comprende sus debilidades y problemas y muestra la más positiva disposición para darle a cada uno de sus asociados la oportunidad de crecer y mejorar. Por eso no vacila en emprender con decisión y confianza la tarea de preparación y entrenamiento del grupo, a través de la enseñanza, la orientación y el ejemplo. Pone al alcance de sus asociados todos los medios que puedan contribuir a su madurez y progreso. Patrocina las prácticas y entrenamientos que sean necesarios, y acompaña a su equipo en sus inquietudes e iniciativas para sacar adelante las metas de la empresa. Por último, como lo dirá más tarde uno de sus más ilustres discípulos, no se deja derrotar por los problemas y fracasos, porque su consigna es: *«no dejarse vencer por el mal; al contrario, vencer el mal con el bien»* (Romanos 12:21).

XIV

Un nuevo diagnóstico de la condición humana

«Yo soy la luz del mundo. El que me sigue no andará en tinieblas, sino que tendrá la luz de la vida.»
Juan 8:12

La oferta de los dos caminos

Una característica sobresaliente del liderato de Cristo es que no obliga a nadie a seguirle o a aceptar sus criterios y su oferta de salvación. Por el contrario, presenta alternativas y deja que cada cual escoja. Es así como expone, por ejemplo, su doctrina de las dos vías o caminos: el camino de la muerte y el de la vida; el camino ancho y el estrecho; el camino de la esclavitud y el de la liberación; el camino de la ceguera y el de la luz; el camino trillado que la mayoría sigue, y el camino de los santos. La doctrina de las dos vías no es exclusiva del cristianismo. Jesús le da un brillo y trascendencia especiales, pero la encontramos delineada en diferentes tradiciones religiosas. En el fondo lo que estas tradiciones enseñan es que se nos presentan dos direcciones u orientaciones en la vida: una, fácil y poco exigente, que tiene una gran cantidad de adeptos; basta con seguir la corriente y tratar de vivir cómoda, aunque mediocremente, buscando sacar el mayor provecho de la vida, sin importarnos mucho si lo que hacemos es bueno, regular o malo, o si nos hace mejores o peores. La otra vía es la que Jesús llama *«el camino estrecho»*, que es el de los decididos y virtuosos, que siempre están en minoría. La mayoría de las religiones presuponen que algo no marcha bien con la naturaleza humana. Como decía Pablo: *«Yo sé que en mí, en mi naturaleza pecaminosa, nada bueno habita. Aunque deseo hacer lo bueno, no soy capaz de hacerlo. De hecho, no hago el bien que quiero, sino el mal que no quiero»* (Romanos 7:19). Cristo muestra con su enseñanza y ejemplo la mejor forma de superar esta dicotomía. Pablo, en su búsqueda desesperada, la descubrió y la expuso en esta forma: *«¿Quién me librará de este cuerpo mortal? ¡Gracias a Dios por medio de Jesucristo nuestro Señor!»*

Para usar una metáfora médica, Jesús ofrece a través de la doctrina de los dos caminos, un diagnóstico certero de la condición humana; y formula una receta para su cura y solución. Describe claramente la naturaleza de una u otra vía: la vía amplia que lleva a la destrucción y la angosta que lleva a la salvación y a la vida. Y aconseja:

> *Entren por la puerta estrecha. Porque es ancha la puerta y espacioso el camino que conduce a la destrucción, y muchos entran por ella. Pero estrecha es la puerta y angosto el camino que conduce a la vida, y pocos los que la encuentran.*
>
> Mateo 7:13–14

Dos formas de construir nuestra existencia

Hay dos formas de construir nuestra existencia: la vía del sabio y la del necio. También en este caso Jesús presenta alternativas y da sus razones. Cada cual escoge. Sus palabras son claras y terminantes. Nadie puede llamarse a engaño:

> *Voy a decirles a quién se parece todo el que viene a mí y oye mis palabras y las pone en práctica. Se parece a un hombre que al construir una casa, cavó bien hondo y puso el cimiento sobre la roca. De manera que cuando vino una inundación, el torrente azotó aquella casa, pero no pudo ni siquiera hacerla tambalear, porque estaba bien construida. Pero el que oye mis palabras y no las pone en práctica se parece a un hombre que construyó una casa sobre tierra y sin cimientos. Tan pronto como la azotó el torrente, la casa se derrumbó, y el desastre fue terrible.*

Lucas 6:46–49

Lo interesante de la enseñanza de Jesús es que orienta a sus seguidores en forma viva y elocuente utilizando ejemplos concretos que todos entienden; presenta alternativas para que cada quien elija, y señala las consecuencias que conlleva la elección.

Podríamos concluir que, con Cristo como jefe, nadie puede llevarse a engaño. Todos conservan su libertad de acción, pero a la vez deben asumir responsabilidad porque están claramente advertidos.

Valores y prioridades

El discurso orientador de Cristo toca con frecuencia el campo de los valores y las prioridades. Como líder de un movimiento que se inició con una docena de adeptos, pero que en los últimos veinte siglos ha crecido por millones hasta constituirse en el movimiento religioso más poderoso y populoso del mundo, Jesús debe dejar bien en claro cuáles son las prioridades de su pensar y actuar. Con esto sus seguidores sabrán a qué atenerse. De nuevo sorprende la sencillez de su planteamiento. Habla de *«servir a Dios o las riquezas»* (Mateo 6:24), estableciendo un parangón aparentemente desproporcionado entre lo que representa de la manera más cruda los intereses materiales, algo así como «el becerro de oro», el ídolo del dinero que todos adoran, frente a la más encumbrada representación de todos los valores superiores del espíritu: Dios mismo. La elección entre lo uno o lo otro es de vital importancia, porque define nuestra actitud y relación frente a las criaturas y al Creador, y apunta a establecer cuáles son nuestras prioridades en la vida.

Como líderes y directivos vivimos, procedemos, organizamos y mandamos, de acuerdo con nuestros valores y prioridades. Algunas preguntas son válidas al respecto: ¿Tenemos bien claros cuáles son nuestros valores? ¿Consultan estos sólo la realidad material de la empresa y de nuestros asociados, o nos dirigimos por valores de mayor categoría y calidad? ¿Conoce nuestra gente con claridad cuáles son los valores y prioridades que rigen nuestra administración y el trato con nuestro personal? ¿No será que si nos acercamos un poco más a Jesús y a su Evangelio, nuestros valores y prioridades se ennoblecerán y adquirirán una proyeccción superior?

La alternativa de Jesús

La alternativa planteada por Cristo tiene que ver con valores tangibles e intangibles. Jesús sabía que la mayoría de la gente se va tras los valores materiales que se pueden contar y pesar, y que parecen dar un rédito inmediato. Para la persona común y corriente, que lucha día a día por sobrevivir, y para el que ha logrado progresos económicos significativos, es difícil separar su mirada e interés de los bienes inmediatos, que el Evangelio identifica como «riquezas». Jesús propone, sin embargo, metas más nobles y encumbradas para el ser humano. Y en esto podemos descubrir otra cualidad de altísimo valor en el liderato de Cristo. Busca elevar a su gente, proponiéndole ideales superiores que valoricen sus vidas y ennoblezcan sus objetivos y propósitos, en la lucha por la vida. A esto apunta su razonamiento sobre las alternativas de elección que nos presenta.

> *No acumulen para sí tesoros en la tierra donde la polilla y el óxido destruyen, y donde los ladrones se meten a robar. Más bien acumulen para sí tesoros en el cielo, donde ni la polilla ni el óxido carcomen, ni los ladrones se meten a robar. Porque donde esté tu tesoro, allí estará también tu corazón.*
>
> Mateo 6:19–21

Por otra parte, Jesús exige plena conciencia de lo que hacemos o elegimos, que nos lleva a una definición de posición clara y terminante, porque *«ningún sirviente puede servir a dos patrones. Menospreciará a uno y amará al otro, o querrá mucho a uno y despreciará al otro. Ustedes no pueden servir a la vez a Dios y a las riquezas»* (Lucas 16:13). Jesucristo está hablando aquí de lealtad. Los que estamos en puestos de dirección sabemos lo importante que es para un jefe o líder contar con la lealtad de sus asociados u subordinados; y lo incómodo, cuando no destructivo para las relaciones de trabajo y dirección que resulta la falta de lealtad a la persona del jefe, o a los principios, objetivos y propósitos de la empresa. Jesús dio y reclamó lealtad a sus discípulos. Sus opiniones a este respecto son claras y terminantes: *«El que no está de mi parte, está contra mí; y el que conmigo no recoge, esparce»* (Mateo 12:30).

No han cambiado mucho las cosas desde los tiempos de Jesús. La mayoría de la gente vive preocupada de las mismas cosas; y la sabiduría convencional enseña que hay ciertos valores primarios que el hombre busca y defiende: posición, riqueza, honor y poder.

Jesús presenta una vía más excelente, arraigada profundamente en el espíritu, cuyos objetivos últimos superan el tiempo y el espacio y se pierden en el mundo infinito de valores eternos que rodea a Dios. Y Jesús puede hablar de Dios, porque bien que lo conoce; y de vida eterna, porque de allá viene. Es, pues, un maestro y director que habla de lo que ha vivido y experimentado. Esto hace más verídico y convincente su discurso y enseñanza, y más apremiantes sus exigencias.

Dar confianza y seguridad

El líder que hemos descrito arriba es el que sirve. Sus subalternos y asociados lo siguen porque tiene claro sus objetivos, y la gente sabe a qué atenerse; plantea diáfanamente las alternativas, sin vacilaciones ni dudas; y se presenta él mismo dispuesto a ser el primero en dar el ejemplo en el cumplimiento del deber. Por otra parte, hay un elemento definitivo de confiabilidad en la persona de Jesús; y es que probó, no sólo con su vida, sino con su muerte y resurrección lo que es capaz de realizar. Los miembros de un equipo se entregan confiados a su jefe o director, cuando están convencidos de que «es capaz».

Al respecto, hay una historia que ilustra este punto y responde a la pregunta que muchos se hacen respecto a su jefe, y nosotros, respecto a Jesucristo: ¿Cómo sabemos que entre todos los líderes religiosos que han venido al mundo, Jesús es el más confiable, el único y verdadero, en quien podemos depositar toda nuestra fe? Aquí está la historia: resulta que se juntaron los líderes religiosos más sobresalientes de la historia, para decidir quién era realmente el Mesías, el Salvador del mundo. Cada uno debía presentarse y probar que él era tal persona. El diálogo resultó más o menos como sigue:

Moisés (año 1400 a.c., aproximadamente) habló de esta forma: «A través de mí, el pueblo de Israel encontró vida y esperanza. Yo le entregué los diez mandamientos y la mismísima Palabra de Dios».

Buda (años 563–483 a.C.) «Como gran Maestro que fui, yo renuncié a mi riqueza y lugar como hijo de un gran rey. Y a través de la meditación, adquirí la iluminación. Los que siguen mis cuatro "Nobles verdades" y el "Camino de las ocho sendas" de mi religión, llegarán al Nirvana, romperán la ley del Karma, y se convertirán en "Uno" con el Infinito verdadero».

Confucio (551–479 a.C.) «Yo enseño a mi pueblo cómo vivir bien y construir la paz, la verdad y la bondad, en sus vidas y en su gobierno. A través de la práctica del "JEN" ("buen corazón") todos llegan a ser buenos ciudadanos; y la práctica de mis principios éticos traerá al mundo paz y justicia».

Mahoma (570–632 d.C.) «Sólo hay un Dios, Alá, y yo soy su profeta. Yo le he señalado al mundo el camino verdadero. Los que practican el sagrado libro del Corán tienen asegurada una eternidad feliz».

Mahatma Gandhi (1869–1948 d.C.) «Mi religión es la de "ensayo y error". He logrado combinar el cristianismo, el islamismo y el hinduísmo armónicamente. Mi sistema traerá paz y justicia al mundo. Sigan mi camino y hallarán salvación y armonía con el universo».

Jesucristo (4 a.C.–32 d.C.) «Yo soy el camino, la verdad y la vida; quien viene a mí no morirá para siempre, sino que tendrá vida eterna».

Después de que todos hablaron, alguien en la audiencia preguntó: «Bueno, ¿pero cómo sabemos quién es el

verdadero salvàdor del mundo?» Otro intervino y dijo:
«Es muy sencillo. Toda esta gente, por importante que
fuera, murió. El auténtico salvador del mundo, que promete la vida, debe haber triunfado sobre la muerte; debe
estar vivo». Preguntémosles, pues: «¡Que se levante de la
tumba el auténtico salvador del mundo!»

Lo que diferencia a Jesús de todos los líderes religiosos, fundadores de religiones, es que es el único que se ha
levantado de la muerte. Ningún otro ha cumplido esta
hazaña. Este simple hecho da a Jesús toda la credibili-
dad frente a sus seguidores. Podemos aprender de todos
los líderes de la tierra hermosas y altísimas enseñanzas;
podemos inclusive moldear nuestra existencia de acuerdo con su ejemplo maravilloso; pero cuando llegamos al
punto de quién nos garantiza la mayor seguridad de salvación eterna, porque ha vencido a la muerte, sólo nos
queda uno en quien confiar: Jesucristo. Es el líder que
nunca nos va a fallar y siempre estará presente y disponible, porque vive para siempre.

¿Y nosotros, qué...?

Y nosotros: ¿qué seguridad de estabilidad y confianza podemos dar a nuestro equipo y organización?
Podemos tener todas las habilidades profesionales necesarias para nuestro trabajo; podemos exhibir años
largos de experiencia; podemos mostrar valiosas virtudes y cualidades; pero hay ciertas virtudes, cualidades
y habilidades que sobrepasan el mero terreno humano
y temporal; que sólo se adquieren con el roce diario de
los valores superiores que Jesucristo vive, encarna y
enseña, y con la práctica de una doctrina de superior calidad y valor como la que contiene su evangelio. Como
gerentes, ejecutivos o directivos, haríamos un muy
buen negocio si abriéramos una línea de comunicación
con el Maestro de la verdad, el Salvador del mundo,

quien gustoso nos abrirá las puertas de su sabiduría y su gracia. ¿Por qué no ensayar? Nada perdemos y sí podemos ganar mucho en el propósito de ser buenos hombres o mujeres y ejecutivos de altas calidades, dirigidos por valores superiores.

XV

Buena conexión con el jefe

*«Permanezcan en mí y yo permaneceré
en ustedes ... separados de mí
no pueden ustedes hacer nada.»*
Juan 15:4–5

Guardar contacto permanente con el jefe

Todos tenemos alguien a quien debemos responder. Hasta el león, rey de la selva, termina devorado por pequeños insectos. Cuando una persona empieza a pensar que no tiene a nadie a quien responder, es cuando comienzan sus problemas.

Se cuenta de un famoso alcalde de Nueva York que acostumbraba andar por las calles preguntando a la gente: *¿Qué tal lo estoy haciendo?* Esto lo hizo muy popular y lo ayudó a ser exitoso en su gestión. Al Neuharth, fundador del famoso periódico *USA TODAY* atribuye el éxito de su periódico a su práctica de ir por todo el país preguntando a la gente qué clase de periódico quieren leer. Y concluye: *«El público es mi jefe al que debo consultar y con el que debo mantenerme en permanente contacto»*.

Jesús sabía muy bien quién era su jefe y se mantuvo en permanente contacto con él. Algunas veces por horas y días enteros, como ocurrió durante los cuarenta días de ayuno y oración previos a las tentaciones en el desierto (Mateo 4:1–2). Jesús nos dejó una maravillosa técnica de comunicación inalámbrica, que funciona al instante y que él frecuentemente utilizaba para comunicarse con su Jefe: la oración. Antes de sus grandes decisiones o cuando estaba a punto de pasar por trances dolorosos o difíciles, como el de la cruz, buscaba la compañía y el diálogo con su Padre. Así ocurrió en Getsemaní (Marcos 14:32–42), cuando fue a elegir a sus discípulos, (Marcos 3:13–19), o cuando realizó milagros como el de la multiplicación de los panes y de los peces (Mateo 14:13–21). Las expresiones: *«subió o se retiró a la montaña, levantó los ojos al cielo o a las alturas»*, que frecuentemente se atribuyen a Jesús, significan en la tradición bíblica entrar en comunicación con Dios.

De esta manera Jesús estuvo siempre seguro de que estaba siguiendo el curso señalado por su Padre, a quien reconocía como su gran Supervisor, y a quien conocía a la perfección. Por eso podía afirmar con plena confianza: *«Mi Padre me ha entregado todas las cosas. Nadie conoce al Hijo sino el Padre, y nadie conoce al Padre sino el Hijo, y aquel a quien el Hijo quiera revelarlo»* (Mateo 11:27). Y eran la voluntad y los planes del Padre los que debían prevalecer aun en contra de su voluntad y de sus propios planes. Así lo revela su oración en Getsemaní: *«Padre, si quieres, no me hagas beber este trago amargo; pero no se cumpla mi voluntad, sino la tuya»* (Lucas 22:42).

El líder que no conoce bien a su jefe o supervisor y no entra en comunicación frecuente con él comienza a tomar decisiones y a hacer cosas por sí y ante sí, que pueden más tarde volverse en su contra. Consultar, informar, compartir, recibir consejo son recursos valiosísimos para quienes mandan o dirigen. No constituirnos en jefes o directores absolutos, que tienen la última palabra. Un padre de la iglesia, consejero de gobernantes y líderes, escribió: «Consulta, busca consejo, pide permiso, informa a tus superiores, mantente en contacto con todos los que comparten tu trabajo o tus responsabilidades. Porque el que piensa que puede dirigirse a sí mismo, termina teniendo por director a un burro».

Comunicación de doble vía

La comunicación y relación entre el jefe y sus subordinados depende de las actitudes de unos y otros. Se necesitan al menos dos para relacionarse bien o mal. Todos debemos invertir en este ejercicio de la buenas relaciones, voluntad y propósito, y un deseo genuino de procurar el progreso de la organización o empresa que representamos. El jefe y sus asociados deben partir de un simple principio básico, que es casi una «verdad de Perogrullo»: *«todos nos necesitamos»*; y sí, el jefe necesita de sus obreros o empleados; estos no pueden hacer bien su trabajo y cumplir sus obligaciones sin contar con la voluntad, dirección y simpatía del jefe. La relación que Jesús cultivó con su Padre, a quien reconocía como su Jefe y Señor, son el mejor ejemplo de esta esencial interdependencia que existe entre jefe y subordinados, el líder y sus seguidores, el patrón y sus obreros y empleados, el ejecutivo y sus asociados. Y la forma como Jesús se relacionó con su Padre nos enseña de manera clara y práctica, cómo debe ser la conexión y relación entre dirigentes y dirigidos para que la empresa marche y progrese. Fue ciertamente una relación constante, respetuosa y amistosa, nacida del profundo conocimiento que cada uno tenía del otro; y de la positiva, muy elevada imagen que cada uno cultivaba de su contraparte.

La mejor imagen del jefe

Nuestra relación con el jefe depende mucho de la imagen que nos hayamos formado de él. Nos acercamos a él con confianza o temor, agrado o desagrado, libertad o aprehensión, de acuerdo con el concepto que nos hayamos formado de su persona o carácter: un jefe amable sencillo, acogedor, comprensivo atrae naturalmente a sus asociados, sean súbditos o colegas de trabajo, quienes lo buscan con confianza y hasta satisfacción y gusto. Por el contrario, el rígido, hosco, «cascarrabias» o inflexible, se hace repelente, y verá a la gente huir de su contacto y compañía. Y la fama corre, y pronto las experiencias con el jefe y la imagen que las mismas hayan creado entre el personal, se convierten en pauta que regula la actitud de todos los integrantes del equipo, o trabajadores de la empresa.

Jesús tuvo y nos compartió la mejor opinión y la imagen más positiva de su Jefe supremo. «*Gracia*» es una de las palabras y conceptos centrales del cristianismo. Revela la base fundamental de la relación con Dios y con Cristo. Es en último término el carácter fundamental de Dios. Cristo enseñó que poseemos un Dios «gracioso», un jefe supremo «lleno de gracia»; gracia que se desdobla y convierte en la práctica en «compasión» y «aceptación». Según Jesús, podemos acercarnos a Dios con confianza, con la seguridad de que él nos comprende y acepta «graciosamente», es decir no por lo que somos o tenemos, sino a pesar de lo que no somos ni tenemos.

Gracia natural

La imagen que Jesús nos trasmite de su Padre, nos es útil; no sólo para formarnos una opinión y actitud de confianza para acercarnos a él, sino para aprender como jefes o directivos a cultivar esta misma clase de imagen entre nuestros subordinados y asociados. Al menos Jesús así lo hizo; y sus palabras y su misma persona trasparentaban la «imagen graciosa» del Padre. Jesús usó sencillos recursos poéticos, tomados de la naturaleza para hacernos conocer la clase de Padre y Jefe, que él y nosotros poseemos.

> *Fíjense en las aves del cielo; no siembran ni cosechan ni almacenan en graneros; sin embargo, el Padre celestial las alimenta. ¿No valen ustedes mucho más que ellas? ...Observen cómo crecen los lirios del campo. No trabajan ni hilan; sin embargo, les digo que ni siquiera Salomón, con todo su esplendor, se vestía como uno de ellos. Si así viste Dios a la hierba que hoy está en el campo y mañana es arrojada al horno, ¿no hará mucho más por ustedes, gente de poca fe?*

Mateo 6:26–30

Con palabras como éstas, Jesús invitaba a sus oyentes a descubrir en la naturaleza los rasgos de nobleza y cuidado que su Jefe de los cielos posee, y el trato delicado y amoroso que da a sus criaturas. En realidad, Jesús nos muestra en su Evangelio un mundo lleno de la gracia generosa del Padre, quien en todo momento manifiesta su preocupación y cuidado por su creación y todos los que la habitamos.

Muchos ejemplos para seguir

Esta imagen de un Dios «gracioso» y «providente» emerge de varias de la parábolas, preciosas historias que encarnan no sólo profundas enseñanzas, sino personajes modelos para imitar o no imitar, según las cualidades o defectos que representan. Uno de estos es «el hijo perdido», que otros llaman «pródigo». A este joven despistado le dio por reclamar la herencia de su padre e irse a un país lejano, donde derrochó las riquezas que tanto trabajo y sacrifico le habían costado a su padre conseguir. Al verse fracasado y desamparado regresó al hogar, para encontrarse con un padre lleno de bondad, que lo perdonó, acogió y restauró en su gracia (véase la historia completa en Lucas 15:11–32).

Otros pasajes nos dan la misma imagen amable y generosa de Dios; como aquel del dueño de la viña que contrató a sus obreros y les pagó generosamente, mucho más de lo que realmente merecían (Mateo 20:1–15).

Podemos sacar de estas imágenes y ejemplos, las cualidades que hacen al directivo o líder una persona amable y atractiva, a imagen y semejanza del jefe de Jesús. Jesús mismo cultivó estas cualidades: generosidad, aceptación, imparcialidad, delicadeza en el trato y nobleza de corazón. Todas estas cualidades, cuando se dan en mayor o menor medida en un ejecutivo, invitan y atraen a los subalternos a la comunicación y el contacto, fortaleciendo las relaciones y trato expedito y confiado entre el jefe y sus asociados y facilitando la comunicación entre todos.

La sabiduría de una buena conexión con el jefe

Para completar la ecuación de una buena conexión y relación se necesita que la otra parte, los empleados y obreros pongan su parte de deseo, búsqueda y buena voluntad. Esta buena relación debe pues, ser buscada y cultivada por los subordinados o asociados.

Es esta clase de relación y conexión íntima y fructífera a la que se refiere Cristo en su discurso de despedida, frente a sus discípulos, la víspera de su muerte:

Permanezcan en mí, y yo permaneceré en ustedes. Así como ninguna rama puede dar fruto por sí misma, sino que tiene que permanecer en la vid, así tampoco ustedes pueden dar frutos si no permanecen en mí. Yo soy la vid y ustedes son las ramas. El que permanece en mí, como yo en él, dará mucho fruto; separados de mí no pueden hacer nada.

Juan 15:4–5

El sabio autor del libro de los Proverbios parece estar de acuerdo con este planteamiento cuando escribe:

Para adquirir sabiduría y disciplina; para discernir palabras de inteligencia; para recibir la corrección que dan la prudencia, la rectitud, la justicia y la equidad; para infundir sagacidad en los inexpertos, conocimiento y discreción en los jóvenes. Escuche esto el sabio, y aumente su saber; reciba dirección el entendido, para discernir el proverbio y la parábola, los dichos de los sabios y sus enigmas. El temor del Señor es el principio del conocimiento; los necios desprecian la sabiduría y la disciplina.

Proverbios 1:2–7

Luego de señalar todas las ventajas de vivir bajo el santo temor de Dios, buscando, recibiendo y siguiendo consejo y dirección, pasa a enumerar las malas consecuencias de no recibir dirección y consejo y no buscar en quienes se suponen están investidos de autoridad y sabiduría para dirigir la empresa:

¿Hasta cuándo, muchachos inexpertos, seguirán aferrados a su inexperiencia? ¿Hasta cuándo, ustedes los insolentes, se complacerán en su insolencia? ¿Hasta cuándo, ustedes los necios, aborrecerán el conocimiento?

Proverbios 1:22

Pasa entonces a proponer el sabio autor de Proverbios lo que hemos tratado en todo este artículo: la comu-

nicación y relación constructiva y educativa que debe
reinar entre los que mandan y saben y los que colaboran
y obedecen, los cuales deben aprender de la sabiduría y
experiencia de los jefes:

> *Respondan a mis reprensiones y yo les abriré mi
> corazón, les daré a conocer mis pensamientos.*

Proverbios 1:23

Para terminar con esta última frase que parece una
garantía de tranquilidad y progreso en el trabajo, como
fruto de una buena relación con el que manda:

> *El que me obedezca vivirá tranquilo, sosegado y
> sin temor del mal.*

Proverbios 1:33

Cristo por su parte se ofrece de paso a prestar toda la
colaboración necesaria para que todo salga bien:

> *Permanezcan en mí y yo permaneceré en uste-
> des ... El que permanece en mí, como yo en él, dará
> mucho fruto ... Si permanecen en mí y mis palabras
> permanecen en ustedes, pidan lo que quieran y se les
> concederá.*

Juan 15:4–7

XVI

Conservar las energías

«Crea en mí, oh Dios, un corazón limpio y
renueva la firmeza de mi espíritu.»
Salmo 51:10

Energía y valores superiores

En capítulos anteriores hemos visto cómo el éxito de
Jesús, como ejecutivo, y líder, entre muchos otros factores, radicó en su claro sentido de identidad, en su mente
positiva y en su contacto permanente con su Jefe. En
este capítulo veremos que todos estos factores son deter-
minantes de otras importantes cualidades del Maestro,
que son de verdad muy necesarias a todo dirigente y ejecutivo. Entre estas cualidades podemos mencionar la de
adquirir y conservar una buena dosis de energía; para lo
cual le será necesario conectarse a la fuente más poderosa y prolífica de energía que es el Espíritu, y mantenerse
firmemente anclado a los valores trascendentales, que
este mismo Espíritu propicia y alimenta, en las almas
superiores. Todos los grandes líderes, en los diversos

campos y vertientes de la historia humana, se han carac-
terizado por su dinamismo y determinación, productos
de sus convicciones, firmemente afincadas en los valores
superiores del espíritu. Estas convicciones y valores se
constituyen en fuente de una energía superior interior,
que se hace efectiva en las grandes empresas que em-
prenden, y las obras extraordinarias que legan a la humanidad. Conocer el origen de su energía es descubrir el
secreto de su éxito. Pero no se trata sólo de adquirir y
cultivar una gran dosis de energía, y desplegarla abierta
y descontroladamente. El buen dirigente aprende a adquirir toda la energía necesaria para cumplir su misión
y propósito; pero, como sabe que es limitada, la dosifica
sabia y prudentemente, para no desperdiciarla.

Conservar las energías

He aquí otra regla del buen ejecutivo. Tener dema-
siada energía puede ser tan problemático, como carecer
de ella. Es como con el dinero: tenerlo en abundancia
puede llevarnos al despilfarro, al no saber qué hacer con
él; pero si escasea, entramos en problemas. Pasa lo mismo con el tiempo: los que disfrutan de excesivo tiempo libre, terminan siendo ociosos y holgazanes, o se enredan
en actividades intrascendentes que desvaloran su vida.
Por otra parte los llamados adictos al trabajo («workaho-
lics»), terminan arruinando su salud física y mental,
agobiados por ocupaciones y compromisos.

Jesús poseía una energía formidable; pero supo cómo
utilizarla. Fue especialmente sabio en evitar los escapes
inútiles o perjudiciales de energía. Por ejemplo, aunque
era un gran maestro, rehusó engancharse en debates o
disputas sin sentido con personas que más que aprender, buscaban polemizar. Durante su mismo juicio y pasión, reservó sus energías para cumplir con todo el plan
de su Padre, hasta el momento supremo de su muerte en

la cruz. Por eso no entabló alegatos de defensa, que de antemano sabía eran inútiles, ante el Sanedrín, Herodes o Pilato.

Al reclutar a sus asociados, fue directo y al grano, sin abundar en muchas disquisiciones. Se trataba de cambiar de oficio: de pescadores de peces a pescadores de hombres. La metáfora bien entendida lo decía todo. No rogó, ni manipuló a nadie para que lo siguiera. Enseñó a sus discípulos que no debían quemar sus energías con pueblos y gente que se negaban a aceptarlos: *«Quédense con los que merezcan y quieran recibirlos. Pero no pierdan tiempo con los que no quieren recibirlos ni escucharlos. Salgan de allí y sacúdanse el polvo de sus pies»* (Mateo 10:11–14). Y es que, según sus palabras, *«no deben desperdiciarse las perlas, echándolas a los cerdos»* (Mateo 7:6).

Jesús percibía hasta el más mínimo escape de energía de su cuerpo. El caso de la mujer que se le acercó y tocó su manto en busca de santidad, es bien elocuente (Lucas 8:43–48). Para Pedro era incomprensible que Jesús, rodeado de una multitud, reclamara que alguien lo había tocado. *«No, alguien me ha tocado;* —insistió Jesús— *yo sé que de mí ha salido poder.»*

Jesús, maestro de energía mental y espiritual

Jesús fue de verdad un maestro de las fuerzas físicas y de la energía mental y espiritual. No sólo porque, como creador y dueño del universo, dominó las fuerzas del viento y de la tempestad, y convirtió el agua en vino; traspasó paredes y emergió triunfante de la tumba sellada con una gran piedra; sino porque comprendió el valor de dosificar sus energías corporales y espirituales. Pocos que no hubieran tenido la disciplina corporal, mental y espiritual de Jesús, hubieran podido soportar las fatigas y tribulaciones de la pasión.

¿Cuántos escapes de energía tenemos en nuestra vida diaria? Escapes que nos debilitan o distraen y que se manifiestan en palabras ociosas o airadas, distracciones y fantasías que consumen nuestro tiempo y nos hacen vivir de ilusiones. Envidias, insidias, chismes, críticas, ataques y peleas que nos roban la paz, nos desequilibran y debilitan. A veces gastamos nuestra atención y tiempo inmiscuyéndonos en asuntos ajenos y descuidamos los propios. Como dice Jesús: *«Nos fijamos en la astilla que tiene nuestro hermano en el ojo y no le damos importancia a la viga que tenemos en el nuestro»* (Lucas 6:41).

Saber medir nuestras energías

Ser un líder requiere una gran cantidad de energía. Muchos sucumben al desgaste, porque no saben medir sus energías: artistas, cantantes, políticos, ejecutivos de empresas, que no aguantan y terminan suicidándose; o buscando salidas falsas a sus frustración y agotamiento, en el alcohol, el sexo o la droga. Han derrochado de tal modo sus energías con las multitudes, el trabajo, o los negocios, que les exigen más y más, que terminan, «vaciándose» por dentro. Y salen a buscar a «recargar las pilas», en cualquier fuente de energía, aunque sea engañosa o perjudicial. Los ministros, pastores y líderes religiosos no estamos inmunes a este peligro. De ahí la importancia de aprender del Maestro, cómo dosificar nuestras energías y cómo recobrarlas, cuando comiencen a escasear.

He aquí algunas de las sencillas técnicas que usó Jesús para recargar sus energías: la oración silenciosa, la meditación reposada y profunda, el descanso tranquilo, que más que una suspensión de actividades es un cambio de ocupaciones. El buscar de vez en cuando la soledad para reflexionar, leer un buen libro, meditar. El alejamiento de la rutina diaria, buscar contacto con la naturaleza; y aun las buenas distracciones que nos permiten relajar sanamente nuestro espíritu. Jesús se alejaba con frecuencia de las multitudes; se iba a las montañas, al desierto; se recogía con el grupo de sus íntimos y hasta se daba sus paseos por el lago, metiéndose en una barca y echándose a dormir (Marcos 4:38).

La mejor fuente de energía

Hay energía en todas partes. Sólo hay que buscarla y exponernos a adquirirla; pero ninguna reemplaza a Dios y su Espíritu. Las personas y líderes más fuertes y sobresalientes derivan su energía y dinamismo de adentro de su espíritu. Las energías exteriores duran poco; y desaparecen con el cansancio y el deterioro del cuerpo. Puede ser también que nuestra energía se apoye en otros factores exteriores pasajeros, que en cualquier momento nos abandonan, como el apoyo de otros, la popularidad, o el brillo del éxito, o la dignidad, autoridad y poder que confieren nuestra posición. Todo esto puede abandonarnos, dejando nuestra energía y entusiasmo en cero. En cambio la energía superior que viene del Espíritu es duradera y permanente, porque viene de arriba y se anida en el centro del ser, en el corazón.

Para la antigua sicología judía, que es la que aprendemos en la Biblia, el carácter del corazón depende de su orientación: hacia donde dirige su energía y acción. Si nuestra energía y acción están centradas en Dios y en su Espíritu, nuestro corazón es sano y fructífero; pero si las mismas están centradas en el hombre, en la «carne», o en las realidades finitas y transitorias, nuestro corazón está mal, débil y enfermo; y pronto nos quedaremos sin energías ni impulso. Jeremías lo presenta de una manera elocuente y hermosa:

¡Maldito el hombre que confía en el hombre! ¡Maldito el que se apoya en su propia fuerza y aparta su corazón del Señor!

Será como una zarza en el desierto: no se dará cuenta cuando llegue el bien. Morará en la sequedad del desierto, en tierras de sal, donde nadie habita.

Bendito el hombre que confía en el Señor y pone su confianza en él. Será como un árbol plantado junto al agua, que extiende sus raíces hasta la corriente; no teme que llegue el calor, y sus hojas están siempre verdes. En época de sequía no se angustia, y nunca deja de dar fruto.

Nada hay tan engañoso como el corazón. No tiene remedio. ¿Quién puede comprenderlo? Yo, el Señor, sondeo el corazón y examino los pensamientos, para darle a cada uno según sus acciones y según el fruto de sus obras.

Jeremías 17:5–10

Compromiso al nivel más profundo

Lo que importa es entonces la orientación de nuestro yo al nivel más profundo; allí donde radica el centro de nuestro ser, y donde se construyen todos los anhelos, deseos, compromisos y lealtades. Jesucristo continuó y radicalizó en su Evangelio este entendimiento. Habló de una selección radical entre dos alternativas que reclaman la entrega y lealtad de nuestro corazón.

Nadie puede servir a dos señores, pues menospreciará a uno y amará al otro, o querrá mucho a uno y despreciará al otro. No se puede servir a la vez a Dios y a las riquezas.

Mateo 6:24

O estamos centrados en Dios, o en las cosas finitas y temporales:

No acumulen para sí tesoros en la tierra, donde
la polilla y el óxido destruyen y donde los ladrones se
meten a robar. Más bien, acumulen para sí tesoros
en el cielo, donde ni la polilla ni el óxido carcomen,
ni los ladrones se meten a robar. Porque donde esté
tu tesoro allí estará también tu corazón.

Mateo 6:19–21

Jesús centró su vida y ministerio en Dios, y en los valores del espíritu. Otros, en su tiempo y en nuestro tiempo, centran su acción y obtienen sus energías de otras
fuentes, como la cultura, el poder, y hasta la fuerza, para
terminar desengañados, cuando no vencidos y exhaus-
tos. Centrar nuestra acción y energía en Dios, es preve-
nir la ansiedad y el fracaso. Equivale en último término
a lo que Jesús llama «tener fe». Fe no es lo mismo que
«creencias». Tenemos muchas creencias, pero estas no
nos dan seguridad, ni nos proporcionan muchas ener-
gias. Fe significa una entrega radical y absoluta a Dios,
desde lo más profundo de nuestreo ser. Fe es entonces,
según el lenguaje bíblico, un asunto del corazón y no de
la mente.

Como la mariposa

Siempre me pregunté por qué las mariposas se posan
en una rama, o en una flor y extienden por un largo rato
sus alas al sol de la mañana o del atardecer. Hasta que
un experto en biología me explicó que esta es la forma
como recargan su energía. En efecto, sus alas están lle-
nas de microscópicas células solares que captan energía.
Si no las extienden exponiéndolas al sol, no podrían vo-
lar; caerían al suelo desprovistas de fuerza.

De conservar, restaurar y acrecentar las energías
habla el profeta Isaías, cuando escribe:

¿Acaso no lo sabes? ¿Acaso no te has enterado?
El Señor es el Dios eterno, creador de los confines de

la tierra. No se cansa ni se fatiga, y su inteligencia es insondable. Él fortalece al cansado y acrecienta las fuerzas del débil. Los jóvenes se cansan, se fatigan, y los muchachos tropiezan y caen; pero los que confían en el Señor renovarán sus fuerzas; volarán como las águilas; correrán y no se fatigarán, caminarán y no se cansarán.

Isaías 40:28–31

XVII

Tener amarras interiores

«Busquen las cosas de arriba ...
Concentren su atención en las cosas de arriba,
no en las de la tierra.»
Colosenses 3:1–2

Dependencia interior y superior

Esta cualidad está estrechamente relacionada con la estudiada en los capítulos sobre «Mantener contacto con el jefe» y «Conservar las energías». Muchos podrían hasta descubrir cierta contradicción en lo que se afirman en estos tres capítulos. Sin embargo, no es así. Una cosa es pedir consejo u opinión de otros y estar en constante relación con los superiores, y otra guiarnos todo el tiempo por la opinión ajena o depender para tomar decisiones sólo en circunstancias o factores externos. Para Jesús era más importante estar en buenas relaciones con Dios que con los hombres. No se parece a muchos creyentes, que según Juan, *«prefieren recibir honores de los hombres más que de parte de Dios»* (Juan 12:43). Jesús no

buscaba aprobación para sus acciones y decisiones en
mecanismos exteriores, porque su vida estaba anclada
en realidades y valores interiores. Poco le importaba lo
que Juan, Pedro o Santiago pensaran de su misión. El
hecho de que el mismo Juan el Bautista dudara de que
fuera el verdadero Mesías, no le quitó el sueño; ni le importó lo que Herodes o Pilato o el sumo sacerdote pudieran pensar de su persona.

No hay sensación más agradable que la de sentirse
seguro, y en paz consigo mismo después de una decisión
tomada con madura reflexión. No importa que otros
discrepen o se opongan, si nuestra conciencia nos dice
que estamos en lo correcto. Es como navegar mar adentro, rodeados por la inmensa soledad y el silencio del
océano, observando la gente que desde la orilla nos hace
miles de señas y gestos. Los vemos, pero no nos llegan
sus voces y gritos. Hay muchas ocasiones en las que el
líder se siente solo al tomar sus decisiones: solo con su
conciencia, solo con su Dios, como Jesús en Getsemaní;
ni siquiera el grupo de íntimos comprendía la trascendencia de lo que se avecinaba. Y le tocó sudar sangre
para tomar la decisión dolorosa: *«No sea lo que yo quiero, sino lo que quieres tú»* (Mateo 26:39). Todo fue más
fácil para Cristo, porque su alma estaba amarrada a la
voluntad del Padre, y su decisión fue tomada en oración. Cosa diferente ocurre cuando el líder toma sus decisiones basado en factores externos de opinión o
simpatía, contradiciendo sus convicciones. El caso más
elocuente lo tenemos en Poncio Pilato. Aunque estaba
convencido de la inocencia de Jesús, lo condenó por el
solo hecho de no contradecir la opinión del populacho
azuzado por sus líderes malintencionados. Pilato ha
quedado en la historia como el prototipo de líder débil,
hipócrita y claudicador. Lo cierto es que si sólo depen-
demos de la aprobación o respaldo exterior, especialmente cuando nuestra conciencia nos dicta otra cosa,

nuestro liderato está en peligro. Como lo afirmaron Pedro y Juan cuando las autoridades judías les prohibieron hablar de Jesús: *«Es preferible obedecer a Dios antes que a los hombres»* (Hechos 4:18–19). La voz de la conciencia debe primar al halago de la opinión popular.

Firmeza y solidez

El líder de conciencia tiene la firmeza y solidez del acero, cuando se trata de decidir y hacer lo que es verdadero, justo o conveniente. Es posible que necesite tiempo, reflexión y consulta para llegar a sus decisiones. Pero una vez que arriba al convencimiento de cuál es la decisión correcta, pasa a la acción sin vacilaciones, y los otros lo siguen y rodean. Esta cualidad de firmeza de carácter y clara decisión como frutos de su arraigo espiritual en la voluntad de su Padre y en sus firmes convicciones de líder y maestro, fueron de especial relevancia en el actuar de Jesús.

Nos basta un ejemplo que los cuatro evangelistas registran con lujo de detalles: el pasaje de la multiplicación de los panes y de los peces (Mateo 14:13–21; Marcos 6:32; Lucas 9:10–17; Juan 6:1–13). Cuando los discípulos pensaban que por ser ya tarde Jesús debía despachar a las multitudes para que buscaran alimento, éste les contestó terminantemente: *«No tienen que irse. Denles ustedes mismos de comer»* (Mateo 14:16). Y frente a la objeción de que sólo contaban con cinco panes y dos pescados, bien poca cosa para satisfacer el hambre de los miles que le seguían, ordenó perentoriamente: *«Tráiganmelos acá»*. Fue entonces cuando el Maestro lució como líder en todo su esplendor, convencido de sus poderes, los cuales, él reconocía que le venían de lo alto. Por eso su primer gesto antes del milagro fue *«levantar los ojos al cielo»* en busca de la aprobación y asistencia de su Padre. He ahí un Jesús ejecutivo que saca su poder de lo profundo de su entronque y estrecha relación con su Padre. Lo que viene después es pura consecuencia. Organiza su equipo de asociados para satisfacer las necesidades de las multitudes. Y el milagro de multiplicar panes y pescados, se convierte en varios milagros: milagro de organización, milagro de enseñanza para unos discípulos incrédulos e inmaduros y un milagro de íntima relación y comunicación que fluye de Jesús hacia el Padre, y del Padre y Jesucristo hacia los discípulos y hacia el pueblo, incluyéndonos nosotros mismos, que observamos con asombro las maravillas del poder de nuestro Maestro.

Buscar más arriba

Se cuenta que el gran filósofo, teólogo y padre de la iglesia, Agustín de Hipona se propuso buscar la verdad y la felicidad; y un «algo» o «alguien» que pudiera dar fundamento sólido a su vida y trabajo. Y emprendió su búsqueda en todos los lugares que él pensaba podrían darle una respuesta satisfactoria. Y en su recorrido por todas las criaturas, les preguntaba si alguna de ellas podría satisfacer sus deseos e inquietudes; para recibir siempre la misma respuesta: *«¡No; busca más arriba...!»* Continuó por años su inquieto peregrinaje; bebió de la copa de todos los placeres; se propuso descifrar los secretos más recónditos del universo y del ser, a través de sus estudios filosóficos; buscó satisfacer sus ansias de poder, convirtiéndose en una persona importante, y un líder político-religioso; y llegó a ser obispo prominente de renombre mundial en la cristiandad, después de su conversión, al cristianismo. Al final de sus días, escribió su famoso libro de las «Confesiones», donde desnuda su alma; y en una frase nos manifiesta dónde en realidad encontró la respuesta a sus inquietudes, y cuál fue en último término el secreto definitivo de sus logros, en todos los campos donde sobresalió con brillo inigualable. Esta es la frase-confesión de Agustín:

> «¡Grande eres, Señor, y digno de toda alabanza; grande es tu poder y tu sabiduría no tiene límite!» (Salmo 145:3) ¿Y pretende alabarte el hombre, que revestido de su mortalidad lleva consigo el testimonio de su pecado y el testimonio de que resistes a los soberbios? Con todo quiere alabarte el hombre, pequeña parte de tu creación. Tú mismo lo excitas a ello, haciendo que se deleite en alabarte, porque nos has hecho para ti, Señor, y nuestro corazón está inquieto, hasta que descanse en ti.
>
> Confesiones Cap I:1

Buscar y encontrar

El evangelista Lucas nos narra en su Evangelio el interesante episodio de la pérdida del niño Jesús en el templo (Lucas 2:41–50), cuando al regresar de asistir a la fiesta de la Pascua en Jerusalén, y después de un día de camino, descubrieron que Jesús se había quedado en la ciudad. Angustiados regresaron y comenzaron a buscar entre parientes y amigos, sin ningún éxito. Al fin lo encontraron en el templo, discutiendo con los doctores. Al reclamarle su madre: *«¿Por qué te has portado así? ¡Mira, que tu padre y yo te hemos estado buscando angustiados!»*

Jesús les respondió: *«¿Por qué me buscaban? ¿No sabían que tengo que estar en la casa de mi Padre?»* Otras versiones traducen *«en las cosas de mi Padre»*. De una u otra forma el pasaje nos deja varias lecciones. La primera es el testimonio de Jesús, quien ya desde temprano en su niñez está consciente de su entronque firme y directo con su Padre, como razón última de su vida y ministerio y fuente de su inspiración y fuerza. En segundo lugar, el pasaje plantea una interesante dialéctica a la que todos estamos sometidos, en cuanto a la *búsqueda de Dios y de los valores superiores*. Hay una dinámica de *buscar y encontrar algo perdido u oculto*; dinámica a la que tuvo que someterse no sólo Agustín de Hipona, sino todos los que de verdad quieren hallar los auténticos valores trascendentales, y descubrir los secretos últimos de la vida, que sólo se encuentran en el Ser Infinito, creador de todos; el secreto y la respuesta están en Dios, encarnado en Jesucristo. Desgraciadamente muchos, incluyendo a líderes y grandes prohombres, se equivocan en su búsqueda de aquello que de verdad los hará fuertes en sus personas y liderazgos, en sus vidas y acción. Como María y José, buscan donde no lo van a encontrar: entre los mismos hombres, o las realidades temporales.

Esta tensión de buscar y encontrar debe afrontarla toda criatura, pero especialmente los que estamos en posiciones de mando y dirección. En la Biblia aparece ilustrada de mil formas; una de las más hermosas nos la presenta el libro del Cantar de los Cantares.

Los valores ocultos

Encontramos primero en este libro el tema del «ocultamiento», porque la búsqueda supone que una persona o cosa ha sido sustraída de nuestra vida, o se encuentra oculta a nuestros ojos y debemos descubrirla. Es como un juego de escondrijo:

> *Mi amado es como un venado;*
> *se parece a un cervatillo.*
> *¡Míralo, de pie tras nuestro muro,*
> *espiando por las ventanas,*
> *atisbando por las celosías!*

Cantares 2:9

No sólo se ha escondido el amado, sino también la amada:

Paloma mía, que te escondes
en las grietas de las rocas,
en las hendiduras de las montañas,
muéstrame tu rostro,
déjame oír tu voz:
pues tu voz es placentera
y hermoso tu semblante.

Cantares 2:14

Se describe entonces la «búsqueda» recíproca, aunque se resalta la de la amada:

Por las noches, sobre mi lecho,
busco al amor de mi vida;
lo busco y no lo hallo.
Me levanto, y voy por la ciudad
por sus calles y mercados,
buscando el amor de mi vida.
¡Lo busco y no lo hallo!
Me encuentran los centinelas
mientras rondan la ciudad.
Les pregunto: «¿Han visto ustedes al amor de mi
*   vida?»*
No bien los he dejado,
cuando encuentro al amor de mi vida.
Lo abrazo y, sin soltarlo,
lo llevo a la casa de mi madre,
A la alcoba donde ella me concibió.

Cantares 3:1–4

Tiene este pasaje innumerables connotaciones, para el propósito de nuestro tema de búsqueda y hallazgo de Dios y las realidades superiores, que pueden de verdad dar sostén y consistencia a nuestra persona, vida y acción. La dialéctica del pasaje se parece mucho a la del testimonio de Agustín, en su búsqueda de Dios. Y es la misma a la que se debe someter toda persona inquieta, que esté buscando *seriamente* a Dios como fuente de va-

lores superiores y solución a su búsqueda de verdad, felicidad y sentido último de su existencia. Y si lo hace
sinceramente, llegará el momento del encuentro. Podrá
entonces describir su relación con Dios, como describió
la amada la relación con su amado: *«Yo soy para mi amado, y él es para mí»*. Esta fórmula afectiva se expresa muchas veces en otros términos para describir la misma
relación entre Dios y su pueblo: *«Tu serás mi pueblo y yo
seré tu Dios»*. Cuando llegamos a este punto, podremos
entonces confesar gozosos con el Salmista:

Oh Dios, tú eres mi Dios,
yo te busco intensamente,
mi alma tiene sed de ti,
todo mi ser te anhela,
cual tierra seca, extenuada y sedienta.
Te he visto en el santuario
y he contemplado tu poder y tu gloria.

Salmo 63:1–2

Nuestro corazón humano es como el de Agustín de
Hipona, vive siempre buscando a Dios, consciente o inconscientemente. Nunca estará satisfecho hasta no encontrarlo. Busca y no encuentra respuestas definitivas y
valederas en otras criatura. Y muchas veces nos parece
que las encontramos, y hasta que hemos por fin encontrado a Dios; pero lo volvemos a perder; y debemos seguir buscando.

Somos como María y José, durante los tres días de su
búsqueda. Experimentamos la tensión más profunda del
hombre, sobre todo del creyente, en la búsqueda de la
verdad, que sólo se encuentra en Dios. Dios ama esta
tensión constante del corazón humano y parece esconderse, para que lo busquemos. Es como el juego del
amor. Y debemos caminar con frecuencia entre luces y
sombras. Pero es un camino riquísimo en el que no hay
monotonía; siempre está lleno de sorpresas y novedades.

Jesús nuestro amigo

El prestigioso filósoo y teólogo Eugen Biser, sucesor de Karl Rahner, ha escrito un libro titulado *«El Amigo. Aproximación a Jesús»*. El autor afirma que estamos frente a un cristianismo en tránsito de lo institucional a lo «místico»; más íntimo e interiorizado. Es en este cristianismo personalizado de íntima amistad con Jesús donde radica el futuro de la religión. Ni el Cristo de arriba diseñado por la teología tradicional, ni el Cristo de abajo presentado por los teólogos modernos son el referente para nuestra comprensión de Jesucristo. El referente es el «Cristo interior», el que se cuela a lo profundo del alma humana, y se hace amigo íntimo del creyente para inspirar su vida y sostener su acción y peregrinar en este mundo. Biser asegura que el cristianismo ha entrado su etapa «mística» y que el mejor paradigma de ella es la aproximación a Jesús como amigo íntimo.

Muchos abrigamos ciertas sospechas del término «místico», que puede ser utilizado en muchos sentidos; aunque bíblicamente es legítimo. Mística o no, la amistad con Jesús se acredita bíblica y teológicamente; y sobre todo como una vivencia innegable para quienes la vivimos y practicamos como parte esencial de nuestra vida de fe. Esta amistad debe afectar no sólo nuestro interior, sino nuestro exterior. Vemos a Jesús como hombre entre nosotros, y nos sentimos unidos íntimamente a él. Jesús nos impulsa a la acción, sobre todo a la entrega generosa en servicio de otros; a amar al prójimo y hasta a dar nuestra vida por los amigos (Juan 15:13). Jesús que nos ofrece su amistad, y quiere llamarnos «amigos», no «siervos» (Juan 15:15), se anticipó a nosotros y nos pide esta entrega. La palabra «amistad» es realmente una expresión global para significar nuestra relación con Jesús. El amigo Jesús nos llama: *«Vengan a mí todos ustedes que están cansados y agobiados, y yo les daré descanso ... Porque mi yugo es suave y mi carga ligera»* (Mateo 11:28–30). Es la voz del amigo que nos comprende, su corazón abierto que nos pide algo grande y difícil y nos brinda asistencia, descanso y paz.

Pero Jesús no es sólo el amigo que nos entiende y apoya. Es el perfecto conector entre mi humanidad débil y limitada y el poder eterno de Dios; a través de él, podemos amarrarnos a los valores eternos que vienen de Dios, y fortalecer nuestro mundo interior y exterior con las fuerzas que ningún mortal nos puede proporcionar. Jesús es el amigo cercano, listo a guiarnos por los caminos difíciles de las grandes decisiones, y aun los caminos tortuosos del fracaso y la desesperanza, cuando estos se presenten y amenacen nuestra vida y trabajo. Jesús, además, nos enseñará a asistir a otros en el sufrimiento, las pruebas y aun el fracaso; y a hacerles sentir el calor de la amistad. Jesús, mi amigo, es un auxiliador en todas las situaciones de la vida, especialmente cuando los humanos no saben ya qué decir ni hacer.

En resumen

Los ejecutivos anclados en los valores superiores del espíritu tienen reservas suficientes para afrontar sus responsabilidades, resolver los problemas y manejar su equipo, con un margen superior de éxito. La vida espiritual, las virtudes del alma, que en buena parte vienen de Dios, o son producto de su presencia y acción en nosotros, constituyen una reserva de riqueza interior incomparable; un como depósito de energías superiores, que acuden en nuestro auxilio especialmente en los momentos de crisis, y nos proporcionan luces y fuerzas para afrontarlos con claridad y decisión. Ya lo hemos dicho, la fuente de estos valores y virtudes interiores es el Ser Supremo; los mismos nos asemejan a él, crean en nosotros una positiva dependencia de su sabiduría y poder; y cuando los practicamos, sentimos que sus luces y su fuerza están de nuestra parte. Para estar seguros de que esto ocurra, este mismo Ser Supremo nos ha proporcionado recursos de comunicación y ayuda. Uno de ellos, poderoso e infalible, es la oración. El ejecutivo o ejecutiva que sabe orar, tiene de entrada un inmenso terreno ganado en el ejercicio de su trabajo, a través del fortalecimiento de su espíritu. La oración pone a Dios y todo su poder de nuestra parte. Otro instrumento y recurso maravilloso que propicia el cultivo y ejercicio de las virtudes interiores es la Palabra de Dios. Esta nos ilustra, orienta y transforma; nos da la dirección y guía que no encontraremos en ningún otro lugar. Como el gran líder, Pablo de Tarso, a quien le tocó emprender y realizar la gran empresa de la conquista del mundo para la verdad del evangelio, le dice a su asociado y discípulo Timoteo:

> *Toda la Escritura es inspirada por Dios y útil para enseñar, para reprender, para corregir y para instruir en la justicia, a fin de que el siervo de Dios esté enteramente capacitado, para toda buena obra.*

2 Timoteo 3:14

Por último, hemos aprendido en este capítulo que contamos con un aliado formidable en nuestro esfuerzo por acercarnos a Dios y emprender el camino superior del cultivo de los valores del espíritu. Ese aliado, que busca y quiere ser nuestro amigo, tiene el nombre del más connotado líder que ha pisado la tierra; alguien que probó a la saciedad el entronque eterno de sus virtudes y el poder de su personalidad maravillosa *«llena de gracia y de verdad»* (Juan 1:14). Se llama Jesucristo. Como ejecutivo y líder harías un gran negocio haciéndote su amigo. No puedes siquiera imaginarte lo que ganarías en luces y poder para dirigir tu empresa y tu propia vida, aceptando su amistad y ayuda.

XVIII

Hacer las cosas difíciles

«No teman ni den un paso atrás;
al contrario sean fuertes y valientes.»
Josué 10:25

«Desde los días de Juan el reino de los cielos
ha venido avanzando contra viento y marea,
y los que se esfuerzan logran aferrarse a él.»
Mateo 11:12

Coraje y decisión

Esta es otra cualidad que identifica al buen ejecutivo y que lució en la persona de Jesús. Alguien dio esta definición de un profesional: «Es aquel que hace las cosas que debe hacer, aun cuando sienta que no quisiera hacerlas». Un buen líder, ejecutivo o profesional no se deja vencer por la sensación del momento, sino que confronta las dificultades con decisión y coraje. El líder que se mueve al compás de la popularidad y hace sólo lo que le complace a él o a los otros, pronto se encuentra en un callejón sin salida, haciendo cosas que no debe hacer, claudicando a sus deberes, o simplemente paralizado por el miedo de actuar.

«La tendencia de las masas es hacia la mediocridad», decía Aldous Huxley. Por eso las encuestas de opinión son una fuente muy pobre de visión. La opinión pública puede ser manipulada por emociones y conveniencias pasajeras. Pilato se equivocó al querer salvar su responsabilidad, haciendo una encuesta de opinión entre una multitud apasionada, azuzada por los enemigos de Cristo. Quiso tomar el camino más fácil, complaciendo a unos líderes venales, y a una multitud enardecida por la pasión irracional, y «para no meterse en problemas» terminó sacrificando la justicia y la verdad.

Caracteres contrastantes

Alrededor del juicio de Jesús se mueve una serie de personajes, cuyos caracteres contrastantes nos trasmiten valiosas enseñanzas. Pilato es el primero. Pocos personajes han pasado a la historia con el triste calificativo de *«cobardes»*. Pilato, gobernador romano del tiempo de Jesús, fue uno de ellos. Fue no sólo cobarde, sino que ha quedado como el prototipo de líder débil y claudicador. Combinó en su persona el poder político y la debilidad moral. Representaba al más grande imperio de la época, pero adolecía de tal falta de entereza y valor, que cobardemente se prestó a torturar y condenar a un inocente.

Los cuatro evangelistas narran el encuentro de Pilato con Jesús. Cada uno ofrece detalles dramáticos que hacen resaltar el contraste entre estos dos líderes de talla mundial: un juez y gobernante cobarde y claudicador y su víctima inocente, llena de dignidad y valor. Estudiando los detalles de este juicio descubriremos lecciones importantes para conducirnos como líderes y directivos.

Los hilos de una conspiración

Pilato no estaba solo; otros eminentes líderes de Israel lo acompañaron en esta triste aventura. Según Marcos, los que tramaban la «liquidación del Justo», que eran nada menos «los jefes de los sacerdotes, los ancianos y los maestros de la ley», se levantaron temprano aquel primer Viernes Santo (Marcos 15:1). Juan y Marcos citan el diálogo de Jesús con el sumo sacerdote. Ante la pregunta de éste de si era *«el Cristo el hijo del Bendito»*, Cristo respondió sin vacilación, aunque en ello le iba su vida: *«¡Sí, yo soy!»*. Contrasta la valentía de su respuesta con la reacción cobarde del sumo sacerdote, que no tiene argumentos para responder más que el de la fuerza y uso arbitrario de la autoridad, y le propina una bofetada a Jesús. Cuando un líder o directivo debe acudir a la fuerza, todo está perdido, inclusive su dignidad. El uso de la fuerza física, nos rebaja a la categoría de los animales; y es una aceptación tácita de que se nos han acabado los argumentos racionales. En el fondo, es un acto de cobardía y debilidad.

Pero hay más que cobardía en este triste episodio del juicio de Jesús, en el que se violaron las más elementales normas de justicia: se le ató, maltrató e insultó como si fuera un criminal convicto, sin todavía habérsele juzgado y condenado; su juicio se hizo de noche, violando la Ley judía; y los jueces que lo condenaron fueron sus acusadores y fiscales. Por otra parte exhibieron la más rampante hipocresía al quebrantar todas las leyes, y negarse después a ingresar al palacio del gobernador, so pretexto de no incurrir en «impureza legal».

Las vacilaciones de un líder

Nada es tan funesto como un líder vacilante e inseguro. Este fue el drama de Pilato. Al principio, frente a las falsas acusaciones contra Jesús, quiso reaccionar con firmeza. Y como los judíos no le presentaban pruebas, con cierta ironía les sugiere que lo juzguen ellos mismos. Su conciencia comienza a inquietarlo, y trata de penetrar el misterio del hombre digno y sereno que tiene ante sí, del que sus acusadores dicen que se ha proclamado «Rey de los judíos». Quiere saberlo de sus propios labios; pero sale más confundido con la respuesta del acusado: *«Tú lo has dicho»*. Jesús trata de tranquilizar a Pilato explicándole que su reino no es de este mundo, sino espiritual. El diálogo entre los dos se complica. Los papeles se han invertido: Jesús se ha puesto a la ofensiva. Pilato retrocede y se acobarda. Y se refugia, como muchos líderes sin carácter, en una vil estrategia que no lo compromete: tratará de liberar a Jesús, aprovechando la costumbre de soltar un reo en los días de Pascua. Es notoria su contradicción jurídica y moral. Cuatro veces ha afirmado que el reo es inocente, y al mismo tiempo propone soltarlo como si fuera un reo ya condenado. El miedo, la cobardía y la falta de entereza moral, pueden llevar al líder o ejecutivo a decisiones no sólo disparatadas, sino injustas e inconvenientes.

Los vivos se aprovechan de los jefes cobardes

Los judíos intuyen que el gobernador está retrocediendo, y arrecian sus gritos. Pilato añade un nuevo error a la lista de errores que ya ha cometido, por su falta de carácter. Piensa que azotando a Jesús, suscitará la compasión de sus acusadores. Pero los jefes del pueblo lo que quieren es la muerte del acusado. El último intento del débil gobernador por salvar a Jesús fracasa, cuando él mismo se siente amenazado: *«Si lo dejas libre, no eres amigo del César»* —le dicen los judíos—. Pilato presintió que se tambaleaba su poder político, y en un supremo instante en que pudo pasar a la historia como un valiente defensor de los derechos de un ilustre inocente, optó por una solución injusta, menos arriesgada, y más conveniente para sus intereses: condenar al inocente. El colmo de su falta de carácter se revela en el gesto grotesco de lavarse las manos, como si quisiera quitarse de encima el veredicto de su conciencia y el juicio de la historia. Y pronuncia la frase hueca e insólita, que con frecuencia escuchamos de líderes pusilánimes e irresponsables, que no saben enfrentar con coraje y dignidad sus decisiones: *«No me hago responsable de la sangre de este hombre. ¡Allá ustedes!»* (Mateo 27:24).

Pilato y los líderes de hoy

Sobrecoge el ánimo verificar la cadena de cobardías y debilidades de este líder político. No hay duda que hubo una intensa lucha interior en su conciencia; pero finalmente sacrificó la verdad y la justicia para complacer el pedido injusto de una masa enardecida manipulada por los enemigos de Jesús. Prefirió su seguridad personal y su conveniencia política, al cumplimiento de su deber y la paz de su conciencia. Hoy miramos con lástima a este personaje, prototipo de todos los que ejercen el poder y lo ponen al servicio de influencias y componendas. Si nos examinamos honesta y francamente a nosotros mismos, nos sorprenderemos de las pequeñas y grandes cobardías, en que con frecuencia incurrimos. Hemos sido Pilatos muchas veces.

La cobardía y falta de carácter no llegan de golpe

No llegamos a la cobardía suprema de golpe o de repente, sino gradualmente, poco a poco. Cediendo aquí y allá en cosas pequeñas, que pensamos son intrascendentes, pero que van debilitando nuestro carácter y rebajando nuestras reservas y defensas morales; y en un momento dado llegamos a niveles lamentables de debilidad y claudicación. Se cumple entonces lo que dice el Señor:

> *El que es honrado en lo poco, también lo será en lo mucho, y el que no es íntegro en lo poco, tampoco lo será en lo mucho.*
>
> Lucas 16:10

El caso de Pilato puede servirnos a todos de lección, pero especialmente a los líderes y ejecutivos. A todos da seguridad y tranquilidad tener al mando a un líder de carácter firme y decidido, que no se dobla fácilmente y que vive sus convicciones, aun en medio de la adversidad y la oposición. Ayuda mucho el poseer una fe firme y convicciones serias y seguras; y ser coherente con las mismas cuando actuamos, dirigimos o juzgamos. Porque como dice el adagio popular: *«Si no se vive y actúa como se piensa y cree, se termina pensando y creyendo, como se vive»*. Y es aquí donde debemos dar paso a Jesucristo: su modo de ser y actuar nos señalan los auténticos caminos de un liderato limpio, honrado y valiente.

Fortaleza que viene de adentro

La actitud y ejemplo de Jesús nos enseñan a mantener un permanente contacto con nuestro «Yo» interior; tener una conciencia clara de nuestro deber; y dejarnos guiar por nuestras convicciones, más que por los halagos de la popularidad. Como lo dice Pablo, este no es el camino más fácil, que él mismo se niega a seguir, predicando *«otro evangelio»*.

> *¿Qué busco con esto?* —escribía a los gálatas— *¿Ganarme la aprobación humana o la de Dios? ¿Piensan que procuro agradar a los demás? Si yo buscara agradar a otros, no sería siervo de Cristo.*
>
> Gálatas 1:10

Así Pablo nos enseña una de las marcas del líder auténtico: el saber sostenerse contra viento y marea, y a veces solitario, en sus convicciones y propósitos; tomar el camino difícil, que es el camino de Jesús:

Entren por la puerta estrecha —aconseja el Maestro— *Porque es ancha la puerta y espacioso el camino que conduce a la destrucción, y muchos entran por ella. Pero estrecha es la puerta y angosto el camino que conduce a la vida, y son pocos los que la encuentran.*

Mateo 7:13–14

Los NOes de Jesús

Fue difícil para Jesús decir NO, porque toda su personalidad era muy positiva. Sin embargo, dijo con frecuencia NO. Veamos algunos ejemplos:

- Al joven ambicioso que quería seguirle, pero pidió permiso para enterrar a su padre (Lucas 9:57–60).

- A su madre, cuando quiso interrumpir sus enseñanzas (Mateo 12:46–50).

- A quienes, admirados de sus milagros, quisieron proclamarlo rey (Juan 6:14–15).

- Al demonio que le tentó con halagos de gula, poder, vanidad y orgullo (Lucas 4:1–13).

- A Pedro que intentó apartarlo de su misión (Marcos 8:31–33).

- A Herodes que le pedía un milagro (Lucas 23:8–9).

- A Pedro que quería seguir cortando orejas (Juan 18:10–11).

- A sí mismo, en Getsemaní, cuando quiso apartar de sus labios el trago amargo de la pasión (Mateo 26:36–46).

Hoy están muy en boga las doctrinas fáciles y cómodas, que prometen mucho y exigen poco. Todo es radiante, hermoso, próspero; y no requiere mucho esfuerzo ni sacrificio. Es difícil justificar estas doctrinas escuchando a Jesús o leyendo su evangelio. Los líderes de estos movimientos y otros que buscan la comodidad y una vida fácil en el ministerio, en nada se parecen a Jesús y andan muy despistados, en relación con el verdadero evangelio de Jesucristo. No; el verdadero evangelio de Jesucristo no es cosa fácil. Y muchos hoy, como los gálatas, en tiempo de Pablo, no quieren admitirlo. Sin embargo, es claro el planteamiento de Jesús de que no vale la pena atraer seguidores sólo complaciéndolos o halagándolos. El seguimiento de Jesucristo ciertamente nos llevará a la gloria, pero antes hay que aprender a *«negarnos a nosotros mismos, cargar nuestras cruces y caminar tras él»*, por los caminos difíciles de la renuncia, los dolores y las pruebas. Esto, que es verdad para los discípulos y seguidores, lo es con mucha más razón para los directivos, ejecutivos y líderes. Y no sólo en el campo cristiano, sino en cualquier campo de responsabilidad. La verdad monda y lironda es que para llegar a ser líderes fuertes, ejecutivos seguros y eficientes, y sabios administradores, debemos aprender a hacer las cosas difíciles.

XIX

Un corazón delicado que sabe decir «Gracias»

«Les rogamos que sean considerados
y se muestren agradecidos con los que
trabajan arduamente entre ustedes.»
1 Tesalonicenses 5:12

Un mundo ingrato

Vivimos en un mundo ingrato. La cortesía y los buenos modales parece que están desapareciendo paulatinamente de nuestras relaciones. Cada día aumentan las personas que no saben decir «gracias». Muchos no comprenden el inmenso beneficio que aporta a las relaciones humanas el saber expresar graciosamente gratitud y aprecio por lo que otros hacen en nuestro favor. Todos hemos sido, en una u otra forma, víctimas de la ingratitud; y sabemos que duele, especialmente cuando viene de allegados o amigos de quienes esperábamos otra cosa. Jesús no fue una excepción. Contrastan en los Evangelios los

muchos pasajes donde personas favorecidas por los milagros y beneficios del Maestro reconocieron agradecidas el
favor y lo manifestaron abiertamente; con quienes recibieron el beneficio y se olvidaron de dar gracias. Quizás el
ejemplo más notable es el del leproso que se tomó el trabajo de regresar a Jesús para agradecerle, después de
recibir sanidad en una de las correrías apostólicas del
Maestro por las fronteras de Samaria y Galilea. Con él
fueron sanados otros nueve que sufrían la misma terri-
ble enfermedad y no tuvieron la delicadeza de regresar a
dar las gracias al Maestro (véase Lucas 7:11–19). Jesús
accedió graciosamente a los ruegos de estos diez enfermos
de lepra; pero antes quizo cumplir con la Ley, enviándolos
a presentarse a los sacerdotes. El relato de Lucas dice que
«mientras iban de camino quedaron limpios». Pero la parte que nos interesa para nuestro tema es la que se refiere
a la gratitud de uno de los leprosos en contraste con la fla-
grante ingratitud de los otros nueve. Veámoslo, en palabras de Lucas:

> *Resultó que, mientras iban de camino, quedaron
> limpios. Uno de ellos, al verse ya sano, regresó ala-
> bando a Dios a grandes voces. Cayó rostro en tierra
> a los pies de Jesús y le dio las gracias, no obstante
> que era samaritano.*

> Lucas 17:15–16

Hay aquí varios detalles aleccionadores. Primero, es
el del reducido porcentaje de uno entre nueve, que representa con bastante exactitud la proporción de agradecidos, entre una multitud de desagradecidos. En segundo
lugar, es el detalle, señalado por Jesús, de que el agradecido era el que menos debiera haber regresado a dar gracias, ya que se trataba de un samaritano, cuya raza
estaba enemistada con la raza judía a la que pertenecía
Jesús. Parece que con frecuencia se presenta la paradoja

de que recibimos gratitud y reconocimiento más fácil y frecuentemente de los extraños, que de los más allegados.

El comentario de Jesús es no sólo elocuente, sino de profundo contenido teológico, No sólo habla de gratitud, sino de fe. Fe y gratitud que producen resultados:

> *¿Acaso no quedaron limpios los diez? —preguntó Jesús—. ¿Dónde están los otros nueve? ¿No hubo ninguno que regresara a dar gloria a Dios, excepto este extranjero? Levántate y vete —le dijo al hombre—; tu fe te ha sanado.*
>
> Lucas 17:17–18

Enemigos de la gratitud

La capacidad de agradecer no parece ser una actitud espontánea del corazón humano. El orgullo, la vanidad y el egoísmo campean en nuestra vida y quieren imponerse en nuestras relaciones con los demás; y hacen de la gratitud una de sus primeras víctimas. Nos ponen a mirarnos demasiado a nosotros mismos y no nos dejan darnos cuenta de los méritos de los demás y de los favores y beneficios que de ellos recibimos.

Para los ejecutivos, otro factor que puede convertirse en enemigo de la gratitud y el reconocimiento que deben a su gente es «la prisa». Vivimos demasiado de carreras y no tenemos tiempo para detenernos a considerar lo que otros están haciendo, en grande o pequeña escala, por nuestra empresa u organización. El ejecutivo inteligente está alerta para descubrir y reconocer los méritos y aportes de sus subalternos y asociados. Muchas veces son cosas sencillas, que para muchos parecerían insignificantes. Es aquí donde entra a jugar la sensibilidad de espíritu y percepción inteligente de detalles tan necesarias en un líder o jefe. Debemos afinar nuestros sentidos interiores para ampliar y fortalecer nuestra capacidad de «admirar» y «agradecer». Dos cualidades indispensables en todo buen ejecutivo.

Vivir vaciados hacia el presente y el futuro, sin considerar el pasado es otra equivocación que muchos cometen. El ejecutivo maduro, por el contrario, da mérito y valor al pasado. A través de reflexión y recapitulación aprende a mirar hacia atrás, para hacer sus balances justos de realizaciones y méritos; ve y reconoce que el presente próspero y exitoso hubiera sido imposible sin la contribución de muchos, a quienes debe dar gracias y reconocimiento.

Una religión de gratitud

El cristianismo, como el judaísmo, es una religión de gratitud. «Dar gracias» es una función y actividad fundamental del creyente. No es sólo porque Dios lo manda insistentemente en su Palabra, sino porque se desprende lógica y naturalmente de nuestra condición de «criaturas» frente al Dios Creador, de quien lo recibimos todo gratuitamente. Esto en cuanto a la gratitud vertical: para con Dios. Cuando aprendemos a practicar la gratitud y reconocimiento que debemos al Ser Supremo, infaliblemente nos hacemos sensibles a que no estamos solos en este mundo, y que Dios ha puesto a nuestro derredor otros muchos que nos complementan, cuya ayuda y colaboración necesitamos para sobrevivir; ayuda y colaboración que naturalmente deben ser reconocidas y agradecidas. Reconocer y agradecer se convierten entonces en fundamentos de las buenas relaciones y de una vida decente y ajustada a los parámetros de paz, alegría y convivencia, que es lo que precisamente nos enseña la Escritura. Pablo resumió estos sentimientos en una sola frase:

Cada uno debe agradar al prójimo para su bien, con el fin de edificarlo.

Romanos 15:2

Ser agradecidos

Pasando al terreno del liderato y dirección de empresas o conglomerados de cualquier orden, saber agradecer se convierte en una cualidad indispensable para el líder o ejecutivo. Ya hemos visto cómo Jesús la practicó en grado sobresaliente, como fruto de su sensibilidad de corazón y percepción de la bondad y virtud dondequiera que aparecieran. Son precisamente estas virtudes de Cristo las que debemos cultivar los jefes. A través de ellas nos hacemos sensibles a los méritos, virtudes y aportes de nuestros asociados; y aprendemos a manifestarles nuestro aprecio y agradecimiento.

Dar gracias fue, en efecto, un hábito de Jesús. En primer lugar él refirió toda la gloria de sus acciones sobrenaturales al Dador de todas las gracias, al Padre celestial. Frente a la tumba de Lázaro, pronunció la doxología que podría considerarse como el modelo de todas sus expresiones de reconocimiento, por haber sido elegido como el instrumento de las maravillas divinas en medio de los hombres: *«Padre —dice—, te doy gracias porque me has escuchado. Ya sabía yo que siempre me escuchas, pero lo dije por la gente que está aquí presente, para que crean que tú me enviaste»* (Juan 11:41–42).

Jesús se mostró agradecido por muchas cosas: por la presencia y acción del Padre, a quien convocaba en los momentos especiales de su vida y ministerio, como en el caso de la elección de sus discípulos, la multiplicación de los panes y de los peces, y en el momento de la institución de la eucaristía o cena del Señor. Pero fue especialmente agradecido por la aceptación que sus palabras tuvieron entre la gente humilde y sencilla:

Te alabo, Padre, Señor del cielo y de la tierra, porque habiendo escondido estas cosas a los sabios e instruidos, se las has revelado a los que son como niños.

Mateo 11:25

Muchas formas de manifestar aprecio

Hay otras formas de manifestar aprecio y agradecimiento que Jesús usó. Jesús, por ejemplo, mostró especial deferencia a su equipo de discípulos y seguidores
más cercanos. Con frecuencia se los llevaba aparte, a paseos y sesiones de enseñanza y edificación. A tres en especial los eligió para que vieran un poco de su gloria en
la experiencia de la trasfiguración (Marcos 9:2–8). Los
hizo sentir tan bien, que Pedro quería construir tres
tiendas o albergues y quedarse en el monte Tabor. El
discurso de despedida de Jesús (capítulos 13,14,15,16 y
17 del Evangelio de Juan) está lleno de expresiones de
agradecimiento por su «equipo ejecutivo». No quiso irse
de este mundo sin manifestar su aprecio por el grupo de
íntimos que lo habían acompañado más de cerca en su
ministerio terrenal. Reclamó para ellos la protección del
cielo: «*Padre santo, —oró— protégelos con el poder de tu
nombre ... Santifícalos en la verdad ... Permite que al-
cancen la perfección en la unidad ... Quiero que estén
conmigo donde yo estoy. Que vean mi gloria, ...y que el
amor con que me has amado esté en ellos, y yo mismo esté
en ellos*» (Juan 17:11–25). ¿Qué más puede pedir un jefe
para sus socios o subordinados?

Delicadeza de corazón

Jesús evidenció una gran delicadeza de corazón.
Esta se manifiesta en muchas formas: en su sensibilidad
frente a la naturaleza con sus flores, aves, campos carga-
dos de mieses y sus ciclos de siembras y cosechas; en sus
lágrimas frente a la ciudad ingrata de Jerusalén (Lucas
13:34–35); en su compasión por los sufrientes, enfermos
y marginados a quienes hizo objeto especial de su atención y milagros; en la ternura con que trata a los niños
(Lucas 18:15–17) y en la delicadeza de proveer en el mo-

mento supremo de su muerte, para el cuidado de su madre (Juan 19:25–27).

La gratitud es un elemento clave en el liderato. La gratitud es hija legítima de un corazón abierto a los demás, sensible a sus problemas y vivencias, atento a sus necesidades. La gratitud es así mismo fruto de la fe: fe en el Creador y Dador de todas las gracias y bondades, y fe en nuestros semejantes, a quienes buscamos estimular, reconociendo sus logros y sus méritos. Por último la gratitud es fruto del amor; un amor que *«es paciente y bondadoso; no envidioso, jactancioso, ni orgulloso; que no se comporta con rudeza, ni es egoísta, ni rencoroso y, lejos de deleitarse en la maldad, se regocija en la verdad. Amor que todo lo disculpa, todo lo cree, todo lo espera, todo lo soporta»* (1 Corintios 13:4–7). Por eso la gratitud, como expresión de fe, esperanza y amor, es el arma más poderosa con la que líderes y ejecutivos a todos los niveles cuentan para afianzar su posición y liderato y para contribuir a la construcción de un mundo más justo, equilibrado y simpático.

XX

Formación de un equipo

«Subió Jesús a una montaña y llamó a los que quiso, los cuales se reunieron con él. Designó a doce, a quienes nombró apóstoles, para que lo acompañaran y para enviarlos a predicar, y ejercer autoridad para expulsar demonios.»

Marcos 3:13–15

La prueba de fuego

La prueba definitiva de la habilidad de un jefe o ejecutivo se da en la formación de su equipo. El buen directivo sabe que el éxito o fracaso de su empresa depende en buena parte de la calidad de asociados que reclute para su misión o empresa; y en el entusiasmo y dedicación que los mismos pongan en su trabajo.

En el pasaje de Marcos citado arriba descubrimos los elementos fundamentales necesarios para la formación de un buen equipo de colaboradores. Veámoslos brevemente:

- Un jefe con autoridad, que es a la vez un líder reconocido.

• Una decisión meditada y consultada. Es lo que significa en el lenguaje y cultura semitas la frase *«subir a una montaña»*. El evangelista nos está diciendo que Jesús entró en comunicación y consulta con Dios.

• Una clara decisión del reclutador.

• Los objetivos precisos de la empresa, para conseguir los cuales se realiza el reclutamiento y se forma el equipo.

• Identificación con el líder: formar equipo con el jefe; acompañarlo y permanecer con él.

• Delegación e investidura de autoridad.

• Una misión clara que cada uno debe cumplir.

Jesús ciertamente actuó rápido, en la formación de su equipo de los doce. Lo cierto es que no tuvo mucho tiempo, pues su ministerio público se extendió cuando más sólo tres años. Este podría haber sido un factor negativo que Jesús convirtió en positivo, pues estimuló a Jesús a ofrecer entrenamiento rápido e intenso, y al grupo a recibirlo gustoso. Fueron tres escasos años de correrías, predicaciones, milagros y hasta controversias y confrontaciones, de las que los discípulos salieron mejor ilustrados y experimentados, para continuar más tarde la obra del Maestro. Y todo se dio en la marcha. Un segundo factor estimulante para el Maestro fue la calidad misma de los discípulos. No fue ciertamente un grupo muy selecto y especial; pero Jesús supo infundirles un entusiasmo y mística que se reflejaron posteriormente en su absoluta y completa dedicación a la misión que su Jefe les dejó para cumplir; y una entrega sin reservas a la causa, que llevó a la mayoría de ellos a entregar su vida por el Evangelio. Lo que esto prueba es que un buen jefe puede sacar grandes resultados de empleados y obreros de mediana capacidad e inteligencia, si logra inspirarlos, sembrando en sus almas el aliciente de un ideal alto y valioso; les presenta una causa noble por la que vale la pena luchar; y los acompaña de cerca en su entrenamiento y trabajo.

De esta materia prima, en principio difícil y más bien mediocre, Cristo logró, pues, sacar un buen grupo de discípulos que, con el tiempo, y gracias a sus enseñanzas y ejemplo, se convirtió en un grupo aguerrido de seguidores, listo para la lucha.

El secreto del éxito

Como dijimos atrás, Jesús no tuvo mucho tiempo para formar su equipo; y debió actuar rápido. En líneas generales podemos señalar algunos factores que contribuyeron a la exitosa organización del grupo de los doce. En primer lugar, actuó con presteza: el llamamiento de sus primeros discípulos se encuentra al principio de su ministerio, inmeditamente después de la presentación pública que Juan Bautista le hizo en el Jordán. De hecho, los primeros discípulos los heredó de Juan (Juan 1:35–42). En segundo lugar, Jesús no perdió tiempo y entró de inmediato a impartir instrucción y entrenamiento a los que iba llamando. Estos doce fueron ciertamente afortunados, pues tuvieron el mejor seminario de entrenamiento con el mejor Maestro. En tercer lugar, el entrenamiento que Jesús dio a su grupo de líderes fue teórico-práctico. Más práctico que teórico. Aunque aprendieron muchas lecciones de doctrina de los labios de Jesús, más aprendieron de su ejemplo. Todas las virtudes del líder podían verlas en acción en Jesús. El amor, la compasión, la paciencia, la mansedumbre, la lealtad, el sacrificio, la alegría, la ecuanimidad, etc. Diariamente estuvieron expuestos al ejemplo del Maestro que derrochaba bondad, ternura, justicia, comprensión y amor; y mostraba su temple de alma, como un gran líder de mente clara, pensamiento certe-

ro, decisiones sabias, juicios objetivos, absoluta imparcialidad y amor y paciencia con todos.

La estrategia de Jesús

La estrategia de Jesús en la formación y preparación
de su equipo puede reducirse en términos sencillos y
concretos a una media docena de pasos muy prácticos y,
yo diría, muy humanos; hasta el punto que todos ellos
están al alcance de cualquier directivo o ejecutivo, que
quiera imitarlos. Lauren Beth Jones enumera algunos
de ellos, en su libro «Jesus CEO», que aquí complemen-
tamos y proyectamos de un modo un poco diferente:

1. Jesús los recluta. No se contenta sólo con atraerlos e
inspirarlos, con la magia de su personalidad y la dinámica de su acción y palabra. Los enrola e involucra en su
propio ministerio. Todos deben tomar una decisión y responder a la invitación directa: *«¿Quieres seguirme?»* Es
franco y directo con quienes elige: *«Dejen las redes»,
«Vengan y vean donde vivo», «Los haré pescadores de
hombres».* Y exige una respuesta casi inmediata. Es casi
como firmar un contrato. Jesús utiliza el lenguaje directo del buen vendedor. Y no procede a establecer la relación de trabajo, hasta no estar seguro del compromiso
serio de cada uno de los elegidos. A veces se las pone
dura, para probar la seriedad de su compromiso: *«El que
quiere a su padre o a su madre más que a mí, no es digno
de mí»* (Mateo 10:37). Todo lo que Jesús quiere es un
compromiso serio, como aconsejan hoy las reglas de reclutamiento de empleados.

2. Jesús los impulsa. Con ocasión de su encuentro con
Juan el Bautista, que marca el inicio de su ministerio público, hizo este comentario para que lo oyeran los discípulos potenciales: *«El reino de los cielos avanza contra viento y marea y los que se esfuerzan logran aferrarse a él»*

(Mateo:11:12). La consigna para sus seguidores es: «¡Adelante!, ¡Síganme!, ¡Vayan!, ¡Prediquen¡, ¡Enseñen!», «¡Ganen el mundo para mi causa!»

3. Se puso a su disposición. Desde el principio su grupo supo que tenían un jefe disponible. Sus gestos y palabras fueron de servicio. Su oferta fue de acompañarlos siempre hasta el fin del mundo. Sabían que podían contar con él, inclusive para conseguir ayuda y asistencia del mismo Padre de los cielos: *«Cualquier cosa que ustedes pidan en mi nombre, yo la haré»* (Juan 14:13).

4. Les dio confianza y autoridad. Esto significa delegar, que es absolutamente indispensable para llevar convenientemente cualquier empresa. No hay mejor estrategia para levantar la moral del equipo que darles confianza y delegar autoridad. Les dio claras instrucciones sobre cómo debían proceder, inclusive en el caso de que no fueran aceptados (véase Lucas 9:5). Alguna vez los envió de dos en dos y regresaron gozosos, testimoniando de los resultados positivos de su misión: *«Señor, hasta los demonios se nos sometían en tu nombre»* (Lucas 10:17).

5. Los defendió. Lo hizo frente al pueblo y frente a las autoridades. Entre muchos, mencionemos sólo el incidente cuando los discípulos hambrientos recogieron espigas para comer, un sábado. Jesús sacó la cara por ellos y atacó fuertemente la hipocresía de los fariseos, sus acusadores (Marcos 2:23–28).

6. Pero por sobre todo, Jesús amó a los suyos. Y no de cualquier manera: hasta la muerte. Juan, el discípulo amado, da este testimonio del amor de Cristo por su equipo:

> *Se acercaba la fiesta de la Pascua. Jesús sabía*
> *que había llegado la hora de abandonar este mundo*

para volver al Padre. Y habiendo amado a los suyos
que estaban en el mundo, los amó hasta el fin.

Juan 13:1

Y, después de probarles su amor, los invitó a imitarlo: *«Este es mi mandamiento: que se amen los unos a los otros»* (Juan 15:17).

Ahora comprendemos el secreto del éxito de Jesús, con su grupo. Este no se dio al azar, instantánea o automáticamente. Jesús debió derrochar mucha comprensión, sabiduría y paciencia para lograrlo; y, como veremos en el próximo capítulo, debió regresar de la tumba a reconquistar a muchos del grupo que se habían desanimado y alejado; y a reestructurar el equipo, restableciendo su confianza en sus planes y promesas. Para esta labor contó con un auxiliar formidable, de primera calidad: nada menos que el Espíritu Santo.

XXI

Reestructuración

*«El Consolador, el Espíritu Santo, a quien
el Padre enviará en mi nombre, les enseñará
todas las cosas y les hará recordar
todo lo que les he dicho.»*
Juan 14:26

Labor delicada e importante

Las empresas y organizaciones deben someterse con
frecuencia a reorganización o reestructuración. Para hacerlo debe usarse de mucho tino, energía, visión y sabiduría. El pueblo de Dios debió someterse a este proceso
repetidas veces en el Antiguo Testamento. Desde los
tiempos de Moisés, el gran líder y legislador a quien le
tocó inventarse prácticamente todo para mantener vivo a
su pueblo durante cuarenta años en el desierto, hasta la
iglesia naciente, y el primer equipo de discípulos que se
desperdigaron miedosos y desanimados por diferentes lugares, después del sacrificio del Maestro. Posteriormente,
muy temprano en la marcha de la iglesia primitiva, los

apóstoles sintieron la necesidad de convocar a un primer concilio general, para tratar algunos asuntos delicados y reorganizar la marcha de la iglesia (véase capítulo 15 de Hechos). Ya antes los apóstoles hicieron sus ajustes a la estructura de la iglesia, por ejemplo cuando crearon la institución de los diáconos (Hechos 6:1–7). Estos debían *«ser personas de buena reputación, llenos del Espíritu y de sabiduría»*, para encargarles ciertas responsabilidades administrativas. En todos los casos que hemos mencionado es bien claro: el objetivo de la reorganización, los motivos de la misma, a quiénes afecta, y cómo se va a proceder.

Hacerlo bien y pronto

Según los expertos, una reestructuración debe hacerse bien y pronto; con mente clara acerca de los puestos que deben ser llenados y el personal que es absolutamente indispensable. Es un error dejar las cosas en el aire, o permitir que la empresa u organización permanezca acéfala, sin sus líderes y operarios indispensables. Esto, que es aplicable a compañías seculares dedicadas a la industria o el comercio, tiene mucha validez para organizaciones misioneras o ministeriales, como las congregaciones o iglesias.

Fue, pues, muy sabia la iniciativa de la iglesia primitiva, con sus líderes a la cabeza, los once apóstoles, que se movieron rápidamente para llenar el vacío dejado por Judas en el liderato de los doce escogidos por Jesús. Eligieron a Matías, explicando claramente, los motivos que tuvieron para hacerlo (Hechos 1:12–26).

Podemos sacar varias lecciones de este pasaje de la elección de Matías. Se hizo públicamente, con la participación del grupo que ostentaba la autoridad en la iglesia naciente. Se hizo de la manera más democrática posible, presentando dos candidatos; y se decidió buscar entre los del propio grupo. Es mejor buscar entre los más conocidos del círculo interior y dar la oportunidad a los que han estado ocupados en el trabajo de la empresa. Alguien conocido, que a la vez esté familiarizado con los objetivos y metas de la organización. Se gana con ello mucho tiempo y terreno. Por eso los apóstoles buscaron a *«un testigo de la resurrección, uno de los que nos acompañaban todo el tiempo que el Señor Jesús vivió entre nosotros, desde que Juan bautizaba hasta el día en que Jesús fue llevado de entre nosotros»* (Hechos 1:21–22).

Jesús también reestructuró su grupo

También a Jesús le tocó reestructurar su equipo y reorganizar su empresa misionera. Fue precisamente eso lo que pasó haciendo en los cuarenta días posteriores a su resurrección que se quedó en la tierra. Le tocó recoger a los discípulos dispersos. Unos estaban escondidos, otros ya iban de regreso a sus antiguos lugares y oficios, como los dos desanimados discípulos de Emaús, a quienes Jesús tuvo que buscar, caminando con ellos el camino de su desengaño y desilusión, hablándoles al corazón y calentándoles el alma de nuevo con la luz y el fuego de su Palabra. Ese capítulo 24 de Lucas es antológico, como narración magistral de dos hombres trasformados por la presencia y acción del Maestro.

Al resto de discípulos los buscó en diferentes lugares. Las tres apariciones al grupo trascritas por Juan son una obra maestra de narración, con provechosas enseñanzas; y dan la pauta de lo que debe ser el papel del líder en una situación de crisis. Estas tres apariciones podrían identificarse como:

Aparición A: a los discípulos sin Tomás (Juan 20:19–22).

Aparición B: a los discípulos con Tomás presente (Juan 20:24–30).

Aparición C: a siete discípulos, en el mar de Galilea, después de una noche de pesca frustrada. (Juan 21:1–14).

En efecto, las tres apariciones tienen algunos elementos en común, que son propios de toda crisis: Primero, un grupo de seguidores, precisamente en crisis. En **A:** los discípulos estaban encerrados por temor a los judíos. En la **B** uno de los líderes, Tomás, tenía una fuerte crisis de fe. Y en la **C**, los siete discípulos del mar de Galilea venían de una noche de frustación y fracaso, «sin pescar nada». El segundo elemento común es que, en las tres situaciones de crisis, el gran líder, Jesús, se hace presente, y se pone en medio del grupo y asume la situación y el problema y lo ataca de frente. Sus acciones, palabras y gestos son contundentes, y todos apuntan directamente a buscar solución al problema. Ya sea restableciendo la paz y dándoles nuevo aliento, infudiéndoles el Espíritu, en el caso **A;** o accediendo a que Tomás meta la mano en sus heridas, para que salga de su escepticismo y reasegure su fe (caso **B**); o asumiendo el mando de la empresa fracasada de pesca hasta conseguir una pesca maravillosa de 153 pescados de buen tamaño. El tercer elemento es la solución de la crisis: los apóstoles recobran el valor y la confianza; Tomás se reconvierte y confiesa su fe; y los discípulos pescadores fracasados recobran el ánimo y reconocen a Jesús como El Señor.

El toque final

Esta fue una de las varias estrategias utilizadas por Jesús para afrontar la crisis de su grupo, después de su muerte: los reagrupó, les infundió confianza, los reafirmó en los propósitos de su misión y los relanzó a la acción, con bríos renovados. Después de la exitosa labor de reestructuración hecha por Jesús, durante los cuarenta días después de su resurrección, el grupo estaba listo para el toque de gracia final. Este se lo dio el Espíritu Santo, que llegó enviado por el mismo Jesús, con el consenso del Padre. El Espíritu terminó de organizar la Iglesia, trayéndole nuevos ánimos y propósitos y reafirmándolos en todo lo que habían aprendido de Jesús, tal como él lo había prometido: (Juan 16:5–15).

XXII

Jesús y las reglas números 13 y 14

> «Me refiero a Jesús de Nazaret: cómo lo
> ungió Dios con el Espitu Santo y con poder,
> y cómo anduvo haciendo el bien.»
>
> Hechos 10:38
>
> «La gente estaba sumamente asombrada,
> y decía: "Todo lo hace bien."»
>
> Marcos 7:37

Leí recientemente en los periódicos que Mijail Gorbachov, Al Dunlop y Norman Schwarzkopf recibieron cada uno por lo menos US $325.000, más gastos, por hablar en cinco encuentros de un día con ejecutivos importantes de ciudades australianas. Cada participante pagó US $325 por escuchar las lecciones de liderazgo que estos altos ejecutivos de talla mundial les compartieron.

Sus exposiciones sorprenden no sólo por su simplicidad, sino por la falta de originalidad. Esto no les quita,

sin embargo, ningún mérito o valor a las mismas, porque
de hecho, lo que hacen estos experimentados ejecutivos
mundiales, es recoger la sabiduría de siglos y aplicarla a
la realidad de la dirección, liderazgo y acción que el
mundo moderno requiere de sus líderes, en cualquier
campo hoy. Pero es aún más sorprendente que, en esencia, lo que cada uno de ellos estaba enseñando se encuentra de una u otra forma dicho y enseñado en la Biblia; y
muchas de sus directivas para la buena administración
y dirección de las empresas de ayer o de hoy fueron ya
presentadas y practicadas por Jesucristo. Veamos al menos un ejemplo:

El general Schwarzkopf, que se hizo famoso como comandante de las fuerzas aliadas en la guerra del Golfo
Pérsico, dijo a la selecta audiencia de altos ejecutivos,
mientras sonaba como música de fondo su canción prefe-
rida, «Wind Beneath My Wings» [El viento bajo mis
alas], que «el liderazgo podría reducirse a la Regla 13:
«Cuando se le ponga al mando, hágase cargo» y a la Regla 14: *«Haga lo correcto»*.

Fue precisamente lo que practicó y enseñó Jesús en
la empresa de salvación que lo trajo al mundo. Ninguno
de sus discípulos pudo dudar de quién estaba a cargo. Él
era el que daba las órdenes, tomaba las iniciativas, con-
testaba las preguntas y resolvía los problemas. Siempre
estuvo claro en su mente el encargo recibido de su Padre,
como Redentor de la humanidad; y asumió a plena conciencia su misión, sin titubeos o vacilaciones. Por eso al
final de su vida pudo decirle al Padre, en su magnífica
oración de despedida, delante de sus discípulos:

Padre, ha llegado la hora. Glorifica a tu Hijo,
para que tu Hijo te glorifique a ti, ya que le has con-
ferido autoridad sobre todo mortal para que él les
conceda vida eterna a todos los que le has dado. Y
esta es la vida eterna: que te conozcan a ti, el único

Dios verdadero, y a Jesucristo, a quien tú has enviado. Yo te he glorificado en la tierra, y he llevado a cabo la obra que me encomendaste.

Juan 17:1–4

No sólo tenía Jesús plena conciencia de su cargo, para el cual había sido elegido nada menos que por el Padre celestial, sino que se propuso llevar a cabo el encargo y misión que se le encomendó hasta sus últimas consecuencias. Y lo consiguió plenamente. Por eso pudo exclamar, desde la cruz, cuando se despedía de este mundo: *«Todo se ha cumplido»* (Juan 19:30).

Fue, pues, Jesucristo un líder que estuvo permanentemente a cargo de su empresa y que no sólo cumplió a cabalidad con su misión y cargo, sino que lo hizo a la perfección. Desde el proceso de selección de su equipo, al principio de su ministerio (Marcos 3:16–19), hasta su última orden dada a sus discípulos de ir por el mundo entero a predicar su Evangelio (Marcos 16:15), las decisiones fundamentales de su ministerio y empresa misionera estuvieron totalmente bajo su control.

Todos sabían quién era el jefe. De ello tenemos múltiples ejemplos. El primero, al principio de su ministerio en las bodas de Caná, donde hizo su primer milagro, convirtiendo el agua en vino (Juan 2:1–12). Su madre, que lo conocía bien, y que fue la que le insinuó que hiciera algo por la pobre pareja de novios, a quienes se les iba a arruinar la boda por falta del vino, orientó la acción de los sirvientes, con esta significativa frase: *«Hagan lo que él les ordene»* (Juan 2:5).

Hasta los enemigos de Jesús, como los fariseos, sabían muy bien que él estaba a cargo del grupo. Por eso lo buscaban para ponerle las quejas de las acciones que ellos creían represibles en los integrantes de su equipo; como ocurrió el día sábado, cuando sus discípulos arrancaron espigas para saciar su hambre (Marcos 3:22–28).

Y Jesús, consciente de su cargo como líder del grupo de sus apóstoles, salió en su defensa.

Toda la vida y ministerio de Jesús fue un continuo ejercicio de liderazgo. Era el gran Rabí o Maestro que enseñaba con autoridad; y todos lo escuchaban. Tomaba la iniciativa y daba la órdenes, aun cuando sus discípulos no estuvieran de acuerdo. El mejor ejemplo lo tenemos en la multiplicación de los panes y de los peces, que narran tres de los evangelistas (Juan 6:1–14). Toda la acción es organizada bajo las órdenes directas de Jesús, contradiciendo los deseos de los discípulos. Cuando estos insinuaban que la multitud debía ser dispersada, para que fueran a buscar comida, Jesús les responde: *«No tienen por qué irse. Denles ustedes de comer».* Y los manda a ellos a buscar alimento; y cuando Andrés encontró los cinco panes y los dos pescados del fiambre de un muchacho, que le pareció muy poca cosa para alimentar a más de cinco mil, Jesús le ordenó: *«¡Tráiganmelos acá!».* Y mandó sentar a la multitud. El resto de la historia la conocemos muy bien. Todos comieron y quedaron saciados y sobró comida hasta para llevar a la casa. Y todo porque Jesús estaba al frente, cumpliendo con su función de Maestro sabio y Señor poderoso y compasivo.

Esta misma historia nos sirve de ejemplo y prueba de la práctica de la regla catorce del líder y ejecutivo: *«Hacer lo correcto».* Fue la tónica constante de la vida y acción de Jesucristo. Su bondad y virtud lucen en todas sus acciones y palabras. Su evangelio, que él enseñó de palabra y ejemplo, superó con creces la bondad y excelencia de toda doctrina jamás predicada. Pedro, testigo de excepción del actuar de Jesús, lo testimonió de manera sencilla y clara en su discurso en casa de Cornelio. Estas son sus palabras:

Dios envió su mensaje al pueblo de Israel, anunciando las buenas nuevas de la paz por medio de Je-

sucristo, que es el Señor de todos. Ustedes conocen este mensaje que se difundió por toda Judea, comenzando desde Galilea, después del bautismo que predicó Juan. Me refiero a Jesús de Nazaret: cómo lo ungió Dios con el Espíritu Santo y con poder, y cómo anduvo haciendo el bien y sanando a todos los que estaban oprimidos por el diablo, porque Dios estaba con él. Nosotros somos testigos de todo lo que hizo en la tierra de los judíos y en Jerusalén.

Hechos 10:36–39

«Todo lo hace bien», era el testimonio que la gente asombrada daba de él. *«Hasta hace oír a los sordos y hablar a los mudos»* (Marcos 7:37). Su modelo de perfección no fue otro que el mismo Padre Omnipotente y perfecto. Y lo propuso a todos sus seguidores, como su propio modelo a seguir: *«Sean perfectos, así como su Padre celestial es perfecto»* (Mateo 5:48).

Si los directivos y líderes de hoy quieren de verdad un modelo perfecto de ejecutivo integral, nítido de mente y pensamiento, puro en sus intenciones, claro en sus propósitos, recto y honesto hasta el heroísmo en su proceder y seguro y decidido en el obrar, ahí tienen a Jesús. Como lo presentó Pilato, después de examinarlo minuciosamente y hallarlo fascinante y desconcertantemente limpio, *«¡Jesucristo es el hombre!»* (Juan 19:5). El hombre y ejecutivo perfecto y confiable, de quien podemos todos aprender a ser no sólo hombres y mujeres cabales, sino líderes honestos, sabios, seguros, inteligentes e íntegros. Es además el gran líder a quien podemos confiar la dirección de la trascendental empresa de nuestra vida. Su invitación es fascinante y provocativa: *«Si quieres ser perfecto ... ven y sígueme»* (Mateo 19:21).

Epílogo
La pregunta decisiva

«¿Qué clase de hombre es éste?»

Mateo 8:27

En los anteriores veintidós capítulos hemos estudiado la figura de Jesús, como el más completo y fascinante modelo de líder y ejecutivo. Pero a través de todo el libro se cierne un interrogante, que de seguro ha inquietado a muchos lectores, como ha inquietado a media humanidad en los últimos veinte siglos: *«¿Quién en realidad es este Jesús?»* De hecho, más que una pregunta, es una opción. Porque si Jesús es simplemente un hombre admirable, un genio excepcional, un líder formidable y un ejecutivo ejemplar, bastará simplemente con admirarlo, tratar de imitarlo, aprender sus enseñanzas y seguir sus consejos. Pero si este hombre es más que todo esto, todo cambia; nuestra posición y actitud frente a él deben ser diferentes: más profundas y definitivas. No podremos pasar indiferentes ante él; debemos tomar partido a su favor o en su contra; y comprometernos a penetrar en el misterio de su realidad divino-humana que supera la visión temporal y terrenal del que ha sido reconocido por muchos como «Hijo de Dios».

Fue lo que ocurrió el día de su crucifixión. Entre los miles que presenciaron su muerte, dos descubrieron para su bien que Jesús escondía el misterio de la eternidad; y el secreto de la vida. Vislumbraron la verdad salvadora de que en la persona de Jesús se escondía el mismo Hijo del Eterno y que, reconociéndolo así, asegurarían para ellos la vida eterna. Uno de ellos fue un centurión romano, que había contribuido al sacrificio del crucificado; y en el proceso descubrió al verdadero y completo Jesucristo. Su confesión valiente le ganó un puesto en la historia y un lugar en la eternidad: *«¡Verdaderamente este hombre era el Hijo de Dios!»* (Marcos 15:39). El otro fue uno de los ladrones condenados con Jesús en la cruz. Su reconocimiento fue más lejos; hasta pedirle un lugar en su reino. Y por su fe, le fue concedido. Condenado por sus robos en la tierra, terminó robándose el cielo. Y todo por atreverse a reconocer que el Nazareno de verdad era el Hijo del Altísimo, con capacidad para perdonar sus pecados y regenerar su vida, en los últimos instantes que a los dos les quedaban para vivir en este mundo. Es posible que hoy te toque a ti ganarte la vida; hacerte al premio mayor de tu salvación aceptando a Jesucristo, no sólo como el dechado y ejemplo para tu oficio de gerente, ejecutivo o líder, sino como el Hijo de Dios, Redentor de tus pecados y Salvador de tu existencia.

El último y más sorprendente acto de Jesús, como director y ejecutivo de su empresa redentora, fue el de aceptar gustoso morir en la cruz por la salvación del mundo. Pero ni la muerte pudo con él. Tres días más tarde regresó de la tumba, y volvió a los suyos, con una nueva vida y con la confirmación definitiva de sus planes para llevar a cabo su empresa. Su objetivo era crear una nueva humanidad. Entonces, los suyos, el puñado de discípulos cobardes, que le habían fallado en la hora definitiva, sintieron como que renacían; revivieron su fe en el Maestro y retomaron con entusiasmo renovado la misión que habían recibido de su Jefe y que el Resucitado les confirmaba, de predicar su nombre por todo el universo. Eran sólo unos pescadores y labriegos ignorantes, pero llevaban en su corazón el fuego del amor por su Maestro; en su mente la convicción de la verdad de su Palabra; y en sus labios la elocuencia que este fuego, amor y convicción les trasmitían. Y la semilla que con su palabra y acción plantaron, creció poderosa y se hizo árbol frondoso donde miles de almas han encontrado cobijo y salvación; y el fuego de su predicación incendió al mundo con la verdad de Dios y el evangelio de Cristo, y ya nadie los puede atajar.

Dos mil años después, media humanidad lleva el nombre de «cristiano», en recuerdo de aquel ejecutivo galileo. Y día a día, cientos de miles de hombres y mujeres se reúnen a recordar con amor y devoción su nombre. Y él sigue viviendo en medio de los suyos, de los que creen y esperan confiados su regreso. Por eso no se cansan de repetir con fe: «*¡Marana ta! ¡Ven, Señor Jesús!*». Porque han descubierto y lo sienten profundo en sus corazones, lo que Ignacio de Antioquía descubrió y sintió unos pocos años después de la muerte de Jesucristo, que «Hay una sola cosa importante en la existencia: ¡haber encontrado a Jesús, para asegurar la verdadera vida!»

Bibliografía

Adam, Karl. *Jesucristo*, Herder, Barcelona, 1961.

Borg, Marcus J. *Jesus a New Vision*, Harper, San Francisco, 1991.

Caba, José. *De los evangelios al Jesús histórico*, Biblioteca de Autores Cristianos, Madrid, 1970.

Cabodevilla, José M. *Cristo Vivo*, Biblioteca de Autores Cristianos, Madrid, 1963.

Cardedal, Olegario. *Jesús de Nazaret*, Biblioteca de Autores Cristianos, Madrid, 1975.

Guardini, Romano. *El Señor*, Editorial Rialp, Madrid, 1960.

Jones, Laurie B. *Jesus CEO*, Hyperion, New York, 1995.

Littleton, Mark. *Jesus: Everything You Need to Know to Figure Him Out*, Westminster John Knox Press, Louisville, 2001.

Morales, H. A. *Jesús: El desfío*, Amigo del Hogar, Santo Domingo, 1985.

Papini, Giovanni. *Historia de Cristo*, Ediciones FAX, Madrid, 1964.

Pikaza, Xabier. *La figura de Jesús*, Editorial Verbo Divino, Navarra, 1992.

Piñero, Antonio. El otro Jesús, Ediciones el Almendro de Córdoba, Córdoba, 1993.

Pons, Guillermo. *Jesucristo en los padres de la iglesia*, Editorial Ciudad Nueva, Madrid, 1997.

Ricciotti, Giuseppe. *Vida de Jesucristo*, Luis Mairacle, Barcelona, 1963.

Rops, David. *Jesús en su tiempo*, Luis De Caralt, Barcelona, 1960.

Schillebeeckx, Edward. *Jesus, la historia de un viviente*, Ediciones Cristiandad, Madrid, 1983.

Sobrino, José A. *Así fue Jesús*, Biblioteca de Autores Cristianos, Madrid, 1984.

Theissen, G. and A. Merz. *El Jesús histórico*, Ediciones Sígueme, Salamanca, 1999.

Wilkins, M.J. and J. P. Moreland. *Jesus Under Fire*, Zondervan Publishing House, Grand Rapids, 1995.